LUISITO COMUNICA

LUGARES ASOMBROSOS 2

TRAVESÍAS INSÓLITAS Y OTRAS MANERAS EXTRAÑAS DE CONOCER EL MUNDO

El papel utilizado para la impresión de este libro ha sido fabricado a partir de madera procedente de bosques y plantaciones gestionadas con los más altos estándares ambientales, garantizando una explotación de los recursos sostenible con el medio ambiente y beneficiosa para las personas.

Lugares Asombrosos 2
Travesías insólitas y otras maneras extrañas de conocer el mundo

Primera edición: abril, 2024

penguinlibros.com

ISBN: 978-607-384-390-4

Impreso en México – *Printed in Mexico*

LUGARES ASOMBROSOS 2

TRAVESÍAS INSÓLITAS Y OTRAS MANERAS EXTRAÑAS DE CONOCER EL MUNDO

ÍNDICE

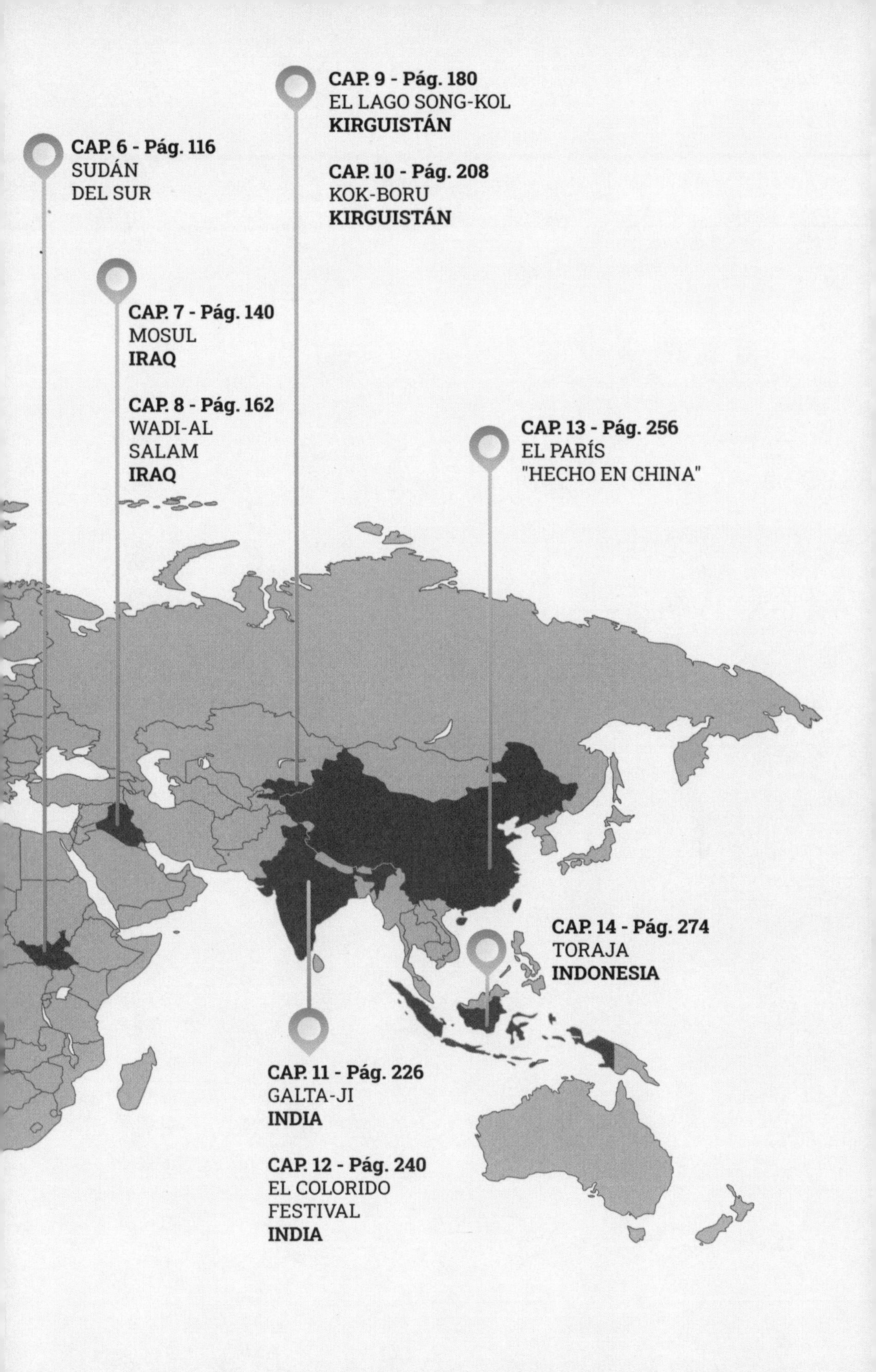
CAP. 9 - Pág. 180
EL LAGO SONG-KOL
KIRGUISTÁN
CAP. 10 - Pág. 208
KOK-BORU
KIRGUISTÁN
CAP. 6 - Pág. 116
SUDÁN
DEL SUR
CAP. 7 - Pág. 140
MOSUL
IRAQ
CAP. 8 - Pág. 162
WADI-AL
SALAM
IRAQ
CAP. 13 - Pág. 256
EL PARÍS
"HECHO EN CHINA"
CAP. 14 - Pág. 274
TORAJA
INDONESIA
CAP. 11 - Pág. 226
GALTA-JI
INDIA
CAP. 12 - Pág. 240
EL COLORIDO
FESTIVAL
INDIA

INTRODUCCIÓN

El libro que estás por abrir es una recopilación de fotografías que he tomado en algunos de los rincones más fascinantes de nuestro planeta a lo largo de los últimos tres años. Desde muestras de joyas hermosas que la naturaleza nos ha obsequiado hasta tragedias de lo más oscuras que el ser humano ha ocasionado, porque todo representa lo complejo que es el mundo que habitamos.

Para aquellos que no me conocen, déjenme presentarme. Me llamo Luis, y durante años me he dedicado a viajar por diferentes territorios haciendo videos y tomando fotografías. Esto me ha permitido analizar lo contrastantes que son las culturas que por miles de años se han desarrollado, y las similitudes que toda creencia redactada por humanos llega a tener. Sobre todo, me ha hecho darme cuenta de que nadie jamás tendrá la absoluta razón sobre nada, pues siempre existirá más de una versión de todo hecho y siempre habrá algo nuevo que aprender. Así que, de cierta manera, esa es mi misión al compartir lo que documento: que al menos una persona abra sus ojos y oídos a percepciones distintas a las que le han enseñado toda su vida, pues tal vez en el comprender yace el coexistir en completa paz.

Así que te pido que abras tu mente y dejes tus prejuicios atrás, pues no hay tiempo para juzgar en este viaje; solo para aprender. Que comience una aventura más. Vamo' a darle.

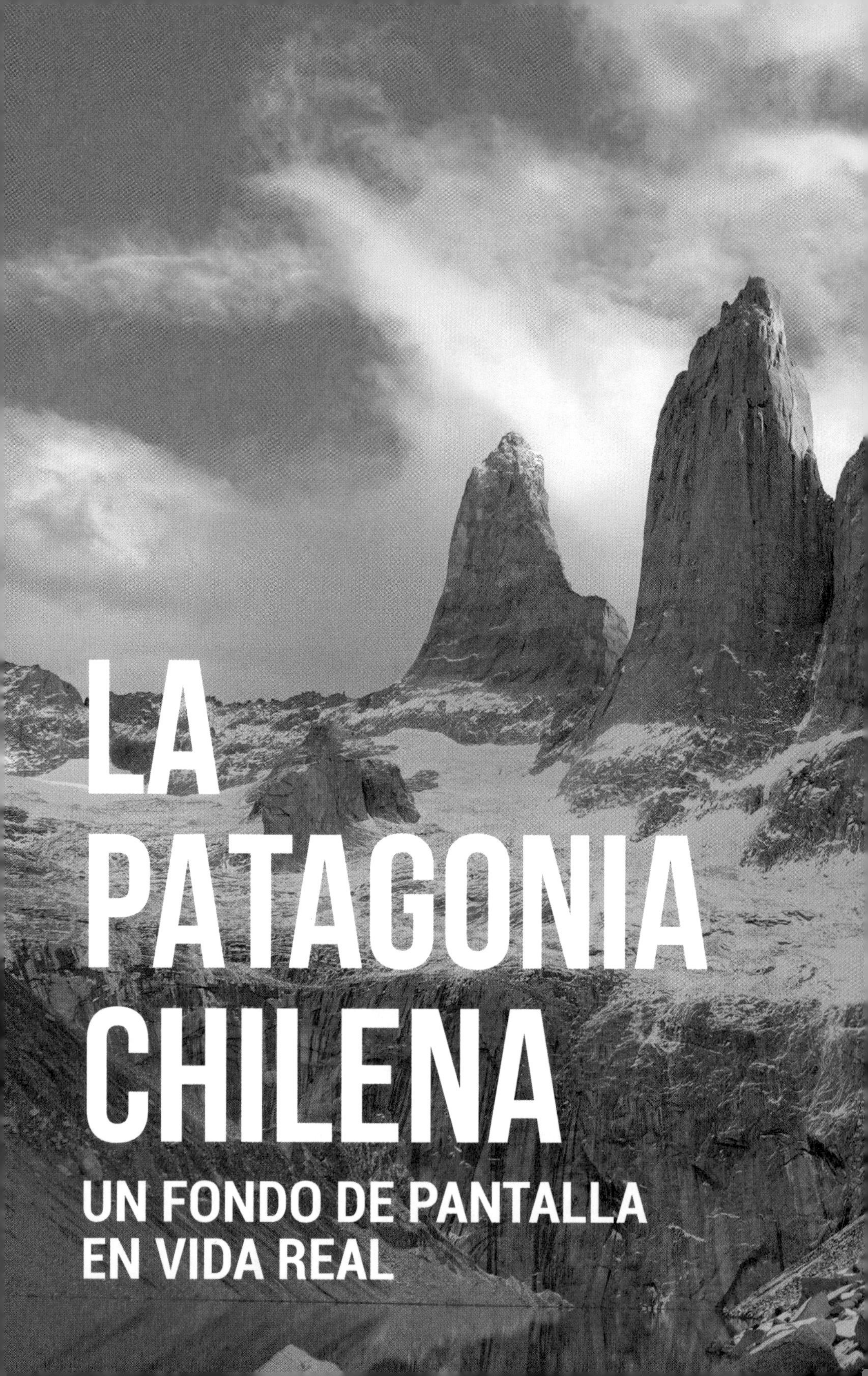

LA PATAGONIA CHILENA

UN FONDO DE PANTALLA EN VIDA REAL

¿Alguna vez te has puesto a curiosear por la galería de fondos de pantalla que incluyen de fábrica tu teléfono o tu computadora? Suelen tener como protagonistas a paisajes que parecen irreales, tan hermosos, saturados naturalmente y llenos de luz. Pues déjame contarte que visitar la Patagonia chilena es como meterte en tu pantalla y vivir la galería completa de fondos en carne propia. Como aclaración, **TODAS las fotos que verás en este capítulo (de hecho en casi todo el libro) no tienen ni un gramo de edición. Los colores y tonalidades son tal y como mi cámara logró capturarlos al momento; nada de Photoshop ni Canva.** Así de hermosa e impactante es la legendaria Patagonia al sur de Chile.

Ubicación:
Torres del Paine, el Glaciar Grey y el poblado de Punta Arenas, Chile

Los paisajes en la Patagonia tienen filtros de Instagram ya incluidos. Pueden ser fríos y azulados...

Pero también pueden ser cálidos y coloridos...

O pueden llegar a combinar ambos para regalarnos panoramas irreales.

Quiero dirigirme a mis lectores y lectoras del país vecino, Argentina, pues me los puedo imaginar perfectamente comparando los sitios de su Patagonia con la chilena. Personalmente, no he tenido el deleite de visitarla, pero me puedo imaginar que debe ser igual de impactante y sin duda tendré que conocerla y documentarla en un futuro cercano. Por ahora, concentrémonos en la tierra del "completo", de los "weones" y de "La Roja": Chile.

Nunca había visto un arcoíris tan definido en mi vida. Repito: ni un gramo de edición.

Dividiré este capítulo abarcando tres de los puntos de mi travesía que lograron quitarme el aliento: las Torres del Paine, el Glaciar Grey y el poblado de Punta Arenas, comenzando con las icónicas...

Torres del Paine

A este parque nacional se le conoce localmente como la “Octava Maravilla Natural del Mundo”, aunque este es un título que muchos destinos alrededor del mundo suelen recibir. Básicamente el concepto de ser una “Octava Maravilla” aplica a lugares sumamente hermosos que no han quedado de manera “oficial” en las renombradas “Siete Maravillas”, y existen de diversos tipos: del mundo antiguo, del mundo moderno, de la ingeniería, naturales, etcétera. Por dar un ejemplo, dentro de las “Octavas Maravillas” está Caño Cristales en Colombia, Isla del Coco en Costa Rica, Salto Ángel en Venezuela, entre muchas otras. Aunque OJO: esto no quiere decir que estos lugares no sean lo suficientemente épicos como para ser parte de la lista oficial; simplemente es una selección muy relativa, y que en ocasiones se torna incluso política, por lo que no hay que darle taaanta importancia.

Las icónicas Torres del Paine con el cielo despejado, en su máximo esplendor.

Para llegar a vivir en carne propia la tan deseada vista que tantas veces hemos apreciado en fotos y documentales, es necesario emprender una larga (muy larga) caminata a través del Parque Nacional. Se recomienda hacer la caminata con un grupo de personas, con la finalidad de hacerla más segura y entretenida, porque será bastante extensa y, para muchos (incluyéndome), retadora. En total, junto con mi grupo de colegas, **yo me tardé 9 horas en subir y bajar**, aunque hay quien se tarda más, o menos tiempo. Ya depende de la condición física de cada grupo, y de cuántas paradas para comer o tomar fotos se deseen realizar.

El Parque Nacional Torres del Paine aparece en el billete de "una luca" chilena.

Los senderos suelen estar bien delimitados, lo que disminuye el riesgo de sufrir accidentes. Aun así, uno debe ser sumamente precavido.

El sendero está dividido en tres partes, lo que puede ayudar mucho mentalmente. Esta foto la tomamos en el segmento 2/3 de la travesía.

Se recomienda beber agua de cuerpos corrientes que tengan muchas piedras, pues esto ayudará a filtrarla y llenarla de minerales.

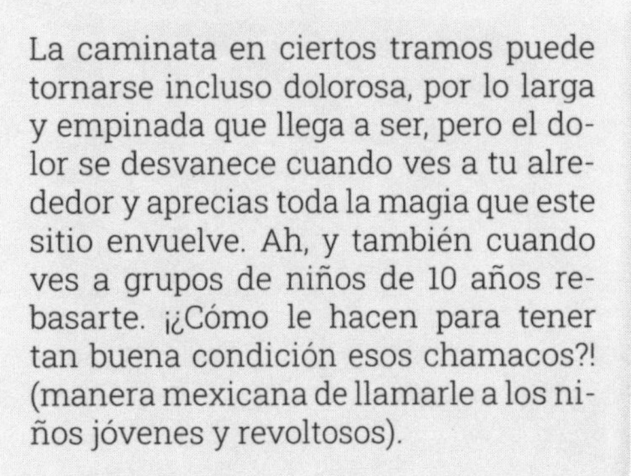

La caminata en ciertos tramos puede tornarse incluso dolorosa, por lo larga y empinada que llega a ser, pero el dolor se desvanece cuando ves a tu alrededor y aprecias toda la magia que este sitio envuelve. Ah, y también cuando ves a grupos de niños de 10 años rebasarte. ¡¿Cómo le hacen para tener tan buena condición esos chamacos?! (manera mexicana de llamarle a los niños jóvenes y revoltosos).

Algunos musgos de ciertos árboles se pueden comer en caso de llegar a perderse por el bosque. Recomiendo informarse bien sobre cuáles son los buenos, porque algunos otros podrían ser dañinos.

Llegar al final del sendero y apreciar las impactantes Torres del Paine a escasos metros de mí ha sido una de las sensaciones más gratificantes que he experimentado. Recomiendo comenzar la caminata muy temprano por la madrugada, pues, por cuestiones de seguridad, los guardabosques suelen empezar a invitar a las personas a salir a partir de las 2 p. m., para que les dé tiempo de regresar a la base aún con luz de día.

Tras horas de intensa caminata, este fue el trago de tequila más gratificante que me he regalado.

Viviendo el fondo de pantalla de Windows XP en carne propia.

Glaciar Grey

Hasta hace unos 20 años, este glaciar tenía una superficie de alrededor de 270 kilómetros cuadrados. Hoy en día es difícil saberlo, pues no se ha hecho un cálculo oficial, pero es evidente que el deshielo global ha afectado mucho a toda esta región. **Yo tuve la enorme suerte de poder caminar sobre el masivo glaciar durante sus últimos días de apertura al público, pues se cierra la mitad del año por cuestiones climáticas** que podrían poner en riesgo la seguridad de los visitantes. Fue la primera vez en mi vida que caminaba sobre un cuerpo de hielo de tan impactante magnitud y la atesoraré por el resto de mi vida. Es una experiencia tan intimidante como gratificante, que me resulta complicado definirla con palabras.

Mi vista durante el trayecto en barco hacia el Glaciar Grey.

Se debe tomar primero una embarcación grande, para después pasarse a una lancha más pequeña que pueda entrar en los estrechos caminos hacia el glaciar.

Es muy cotidiano ver pedazos de hielo que se desprenden naturalmente flotando por las aguas. Muchos tours costosos ofrecen servirte un pisco o whisky chileno con hielo natural de glaciar; una experiencia deliciosa.

Una lancha pequeña podrá llevarte con éxito hasta las faldas del glaciar.

Les repito: aquí no hay nada de edición. Las tonalidades en verdad son así de azuladas.

Si uno se cae, otro puede agarrarlo. He ahí la magia de caminar en grupo.

Como en toda aventura extrema, un equipo y vestimenta adecuados son primordiales. Se recomienda también hacer esta actividad en grupo, pues cualquier resbalón podría tener consecuencias mortales. Uno debe tratar con responsabilidad y mucho respeto este tipo de travesías, y siempre hacer caso a los guías locales. No querrás ser el responsable de movilizar a un equipo entero de rescate por estar distraído.

El uso de crampones en los zapatos es altamente recomendado.

Un par de bastones de senderismo también podría ser de mucha utilidad.

Mi amigo Pablito caminando sobre hielo.

Por supuesto que yo también debía intentarlo.

Blanco, azul y gris hacia donde voltees.

Él es mi buen amigo Rob. Tenerlo en esta travesía fue algo muy especial, pues unos meses atrás había sufrido de una delicada condición de salud. Poder verlo explorando el glaciar, celebrando a su lado, es algo que atesoro.

Tomé esta fotografía parado justo en una división que, eventualmente, dividirá a este glaciar en dos. Resbalarse y quedarse atorado en la brecha es una posibilidad siempre latente.

¿Y por qué se le conoce como "Glaciar Grey"? Básicamente porque en una gran parte de su extensión el glaciar tiene una tonalidad gris. Esto es resultado del desgaste del hielo y la "harina" de carga rocosa que diariamente se esparce por encima de este. A pesar de verse "sucio", esto es algo que podría resultar favorable en caso de perderse, pues el agua directa del glaciar no tiene minerales, por lo que no podría hidratar a un ser vivo, pero al combinarse con las piedras, el deshielo podría volverse agua mineral, regalándote unos cuantos días de vida en caso de suceder una catástrofe.

La "harina rocosa" que apreciamos sobre el hielo es lo que le da el nombre de "Grey" (gris) a este glaciar.

Punta Arenas

Muchos afirman que esta ciudad de la Patagonia chilena es el "fin del mundo" al estar ubicada radicalmente al sur de nuestro planeta antes de dar con la Antártida, pero ciertamente hay una rivalidad al respecto de este título con (por supuesto) el país vecino, Argentina, donde afirman que el "fin del mundo" es la ciudad de Ushuaia. Los habitantes chilenos insisten en que el título debe ser suyo, pues Punta Arenas está unida al mismo cuerpo de tierra que el resto del continente, mientras que Ushuaia podría ser considerada más como parte de una isla. Sea como sea, esta ciudad está divina y me pareció sumamente desarrollada a pesar de estar en una ubicación geográfica tan remota.

Aquí estoy parado en el último tramo de tierra adherida al resto del continente. El llamado "fin del mundo".

Podemos apreciar un poco de la estructura de esta ciudad.

Los puertos de Punta Arenas representan un importante flujo de economía para la localidad.

Las casas parecen sacadas de un cuento.

Tantas veces escuché sobre el encanto único que la Patagonia le regala a nuestro mundo, pero tuve que vivirla para entender a lo que tantos textos y videos en internet se referían. **El adjetivo "encantado" se queda corto para describir el estado en el que me marché. "Agradecido" podría ser lo más adecuado.** Agradecido con la vida, con el planeta y con Chile por mantener tan admirablemente sus bellezas naturales.

EL SALAR DE UYUNI Y CARNAVAL DE ORURO

DOS JOYAS DE BOLIVIA PARA EL MUNDO

Bolivia es un país al cual le tengo muchísimo cariño. Cada que lo visito logra sorprenderme con algo diferente relativo a sus costumbres y creencias. No es por nada que he grabado tantos reportajes en dicho territorio y que en el libro anterior de *Lugares asombrosos* (la primera entrega de este que sostienes en tus manos) le dediqué tres capítulos a sitios dentro de su geografía. Algo tienen sus personas, platillos y costumbres arraigadas que me resultan sencillamente fascinantes. Por supuesto que mi última visita no fue la excepción, pues **pude vivir en carne propia la experiencia del renombrado Carnaval de Oruro y ver, por segunda vez, los legendarios espejos naturales del Salar de Uyuni**. Como no podía decidir cuál de estas fructíferas vivencias valía más la pena narrar en este libro y recopilé material que considero igualmente valioso de ambas, decidí juntar las dos en un solo capítulo. **Comencemos...**

Ubicación: Ciudad de Oruro y Uyuni, Bolivia

Carnaval de Oruro

Logré fotografiar a estas llamas pastando en una carretera cercana al Salar de Uyuni. Un escenario auténticamente andino.

Decenas de bolivianas y bolivianos hacen la danza de la "Llamerada", que simula el trabajo de los pastores y arrieros de llamas. Esta danza también es practicada en algunas festividades del Perú.

El Carnaval de Oruro fue la razón principal por la que retorné a Bolivia. Había escuchado y leído tanto sobre él que debía comprobar por mi cuenta si en verdad es tan mágico como a menudo se describe. Confieso que todos los videos que vi en YouTube se quedaron cortos. Muy cortos. **No es en vano que esta festividad haya sido nombrada "Patrimonio de la Humanidad" por la UNESCO en la década de los 2000's.**

La danza de la "Morenada" es una de las más vistas a lo largo del carnaval. También se suele ver en comunidades del Perú y del norte de Chile.

Esta persona disfrazada representa al "moreno". Muchos dicen que se trata de una sátira hacia la esclavitud durante los tiempos de la colonización española.

Entre danzas y cantos, grupos de personas adornan sus automóviles con figuras de la Virgen del Socavón.

Para comprender por qué se celebra este masivo carnaval al que cada año acuden cerca de 400,000 personas, me adentré al pueblo de Oruro y me puse a platicar con los locales, pues hay diferentes interpretaciones que buscan explicar sus orígenes. **La versión que más me llamó la atención es aquella que nos habla sobre cómo los antiguos habitantes del poblado, los "urus" o "uros" (de hecho se piensa que por eso la ciudad recibe el nombre de "Oruro"), fueron salvados por la Virgen del Socavón, una figura inmensamente venerada en esta población.**

Los vehículos circulan por las calles buscando rendir homenaje a la Virgen.

Cuentan los creyentes que los urus estaban siendo amenazados por cuatro grandes plagas: lagartos, sapos, hormigas y serpientes. Estas plagas buscaban ponerle un fin a la civilización Uru porque ellos adoraban a la Pachamama (Madre Tierra) y a deidades como Inti (dios del sol y el fuego), ¡pero en eso llegó la poderosa Virgen del Socavón y petrificó a las cuatro amenazas! Así como lo leen: la Virgen haciendo uso de una espada y de sus poderes convirtió en piedra a los sapos, lagartos, hormigas y serpientes, y liberó al pueblo Uru de los males que ponían en peligro su existencia. Como eterno agradecimiento, la gente de Oruro prometió adorar a la Virgen, por lo que hoy en día se levanta una masiva figura de ella (conocida también como la "Virgen de Oruro") y se celebra cada año, sin falta, a mediados del mes de febrero, el Carnaval de Oruro.

Algunas vestimentas buscan representar a las cuatro plagas.

Desde prácticamente cualquier punto de la ciudad se puede apreciar este masivo monumento a la Virgen de Oruro.

Podemos decir, entonces, que el Carnaval de Oruro y las creencias asociadas a este, son una muestra del sincretismo religioso y cultural que existe en prácticamente toda Latinoamérica. Mezclar deidades antiguas con la religión "moderna" (poscolonización) es algo ampliamente practicado en las celebraciones latinoamericanas y los orureños por supuesto que no se quedan atrás. La muestra más gráfica de esto sucede en los inicios del carnaval, cuando grupos de personas se juntan a sacrificar y quemar fetos de animales como una ofrenda a la Madre Tierra, o Pachamama, para que las festividades que realizarán en honor a la Virgen del Socavón sean exitosas. Se suelen utilizar llamas, aunque también se llega a hacer uso de cerdos, borregos y cabras, y es una práctica sumamente común en Bolivia. **Cualquier excusa es buena para rendirle tributo a la Pachamama: una graduación, matrimonio, construcción de una vivienda...** Nunca sobran pretextos para lanzar el feto de algún animal al fuego. Vaya, incluso cuando brindan, es costumbre entre bolivianos regar un charco de bebida al piso para mostrar respeto a la Madre Tierra.

Esta agrupación me invitó a presenciar un ritual en el que quemaron a una pequeña llama como ofrenda a la Pachamama.

Se juntan algunas de las figuras que representan a la "Morenada" (manera como se llama a un grupo de personas que cada año hacen la danza de la "Morenada").

La llama se adorna con colores y dinero falso.

Las personas usan máscaras y vierten bebidas azucaradas en el piso.

Una de las figuras más representativas de la "Morenada" es la "Predilecta", chica que posa a mi izquierda.

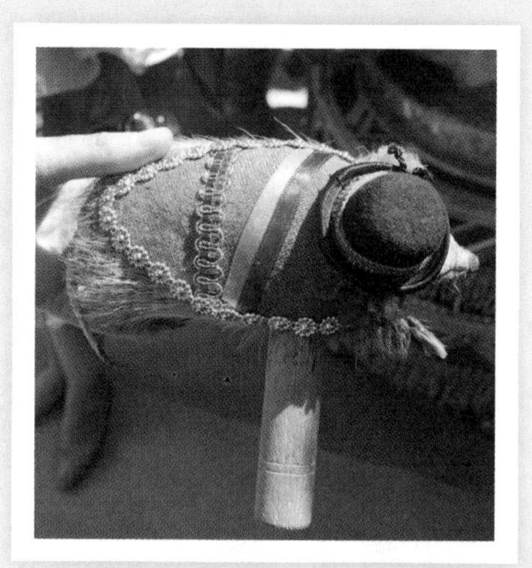

Uno de los instrumentos musicales ancestrales, hecho con el cuerpo de un "quirquincho".

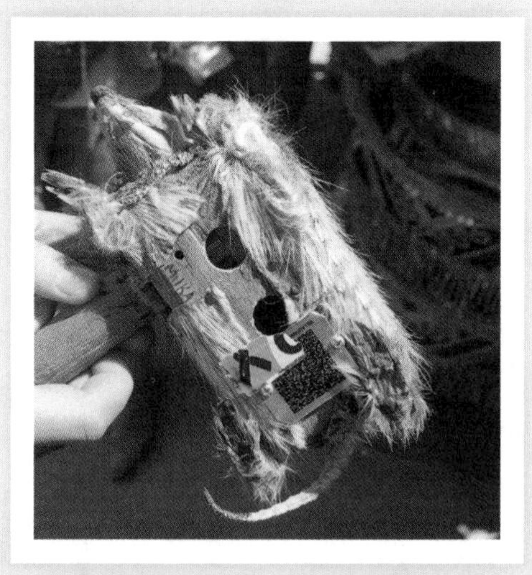

El "quirquincho" o "armadillo andino" hoy en día está en peligro de extinción, por lo que cada instrumento cuenta con un código QR, lo que regula el número de animales que se permiten sacrificar para su uso durante las fechas del carnaval.

Danzantes de la "Llamerada" visten prendas hechas con pelo de alpaca, vicuña y llama.

Las danzas del carnaval buscan también representar a los grupos étnicos de Bolivia, lo que se puede apreciar en sus vestimentas y narrativas. **Son más de 18 danzas las que se practican**, pero algunas de las más vistas son la "Morenada", que busca dar voz a la comunidad afroboliviana y a los oscuros tiempos de la esclavitud; la "Llamerada", que hace homenaje al trabajo de pastores de llamas; el "Tinku", que es una representación de las batallas entre guerreros andinos, y la "Diablada", que simboliza el enfrentamiento entre las fuerzas del bien y del mal. Esta última, la "Diablada", muestra la caída de los demonios ante los poderes de la Virgen del Socavón, por lo que es usual ver a personas disfrazadas de diablitos siguiendo los pasos de una personificación del Arcángel Miguel hasta la iglesia, donde finalmente se arrodillarán y mostrarán así que se han rendido.

Las vestimentas buscan representar a los pueblos indígenas de Bolivia.

Hace muchos años no se permitía que las mujeres formaran parte de la danza de la "Morenada". Por esta razón, era usual que hombres se vistieran de mujeres para representarlas. Hoy en día son pocos los que, por costumbre enteramente respetuosa, continúan haciéndolo.

Algunos trajes tienen tanto detalle que tardan meses en ser confeccionados.

Este joven representa a un guerrero "tinku", palabra que en quechua significa "ataque" o "encuentro".

Estos disfraces se usan en la "Morenada". Suelen tener los ojos botados y las lenguas afuera para representar el cansancio inhumano con el que los esclavos debían vivir.

En la "Diablada", mujeres disfrazadas de diablo siguen a una representación del Arcángel Miguel.

Estos osos "ukumari" son una representación del Oso Andino, animal que simboliza fuerza y mestizaje.

No todo es religioso o cultural. En el Carnaval también se dan mensajes por parte de las autoridades; en este caso, el mensaje es “no bebas y manejes”.

Consejo dorado: ir con una excelente actitud y un cambio de ropa. A los locales les enloquece bañar a todo turista con espuma.

Espero regresar pronto a presenciar de nuevo la celebración del Carnaval de Oruro; una vivencia que logró conmoverme e impactarme como pocas. **Quiero aclarar que hay mucha información sobre el origen del carnaval que tiene más de una interpretación**, por lo que les recomiendo investigar más a fondo y preguntar a locales sobre los aspectos que les hayan llamado la atención.

Salar de Uyuni

Pasemos ahora al Salar de Uyuni, un sitio que seguramente han visto en incontables videos de Instagram y TikTok, famoso por tener "espejos naturales" en su suelo. Y, de hecho, me gustaría comenzar con este punto. Me parece incluso redundante tener que explicarlo así, pero he leído tantas falsas concepciones, que considero mejor aclararlo. **Este lugar es, como tal, un salar; básicamente un masivo desierto que, en lugar de tener arena, tiene sal.** Por ende, los "espejos" que has visto en las fotos de tu amigo que no tiene trabajo, pero por alguna razón no para de viajar, son simplemente cuerpos de agua. Cuando llueve, o existe alguna filtración masiva, el agua se acumula encima de la sal. Dado a que esta tarda mucho en ser absorbida o dispersada, forma un efecto visual sencillamente alucinante, que puede variar muchísimo según a la iluminación a la que se expone. Aquí les comparto algunas de mis fotos preferidas.

Nos tomó mucho tiempo encontrar un cuerpo de agua tan grande como para lograr esta fotografía. Si no fuera por los granos de sal, sería complicado saber cuál es la realidad y cuál es el reflejo.

Con una luz que apunta más hacia el atardecer, este escenario se torna mucho menos azulado.

Es recomendable usar botas de hule para tomarte una fotografía.
Ah, y el agua suele estar sorprendentemente fría.

Esta fotografía no tiene nada de edición. Esos son los colores que, con el reflejo del atardecer, posaron para mi cámara.

El reflejo en esta foto es lo de menos. Hablemos mejor de ese bello efecto de contraluz.

Apartando un poco el tema de la belleza natural, algo que me parece más que sorprendente en Uyuni es la creatividad que los humanos han tenido para construir edificaciones utilizando la sal de sus desiertos. **El hotel en el que me hospedé está construido mayoritariamente con sal.** En más de una ocasión me hallé lamiendo las paredes solo para comprobar que esto fuera verdad.

Los pilares, las paredes, pisos y pasillos... todo de sal.

Incluso algunos muebles, como esta mesita, están hechos con sal.

Le tomé este *close-up* a la pared para que puedas apreciar cada grano de sal en este muro.

Y más allá de las deseadas fotografías para Instagram, es alucinante voltear hacia cualquier dirección y ver únicamente sal blanca. Sin duda, este país tiene una masiva fortuna en estas tierras, así como sus vecinos con masivos desiertos salados. Piénsenlo, la sal se puede convertir en litio y el litio en baterías. Anticipando la tremenda revolución de autos eléctricos, computadoras y teléfonos móviles, el litio será, muy posiblemente, el petróleo del futuro y estos países tienen reservas potencialmente infinitas de este. ¿Desgracia o bendición? Tal vez por eso serán las guerras del futuro... o tal vez así, en algún futuro, esta región de Sudamérica, alcance un desarrollo superior al del resto del continente.

Una reserva interminable de potenciales baterías.

Algunas personas deciden acampar al aire libre.

En este salar se suele realizar
el famoso Rally Dakar.

Tras haber visitado Bolivia en diversas ocasiones, **me queda claro que el concepto de un "país pequeño" es banal e infundado. Bolivia es la muestra de cómo un "territorio pequeño" puede ser masivo en cultura y riquezas naturales.** No puedo esperar a la próxima vez que el destino me lleve a continuar conociendo sus tierras, las cuales considero un paraíso para todo amante de la aventura.

En un punto del desierto están estas banderas que visitantes de todo el mundo han ido dejando.

LAS ISLAS GALÁPAGOS

MUCHO MÁS QUE TORTUGAS GIGANTES

Supongo que todos nos sabemos los básicos sobre las históricamente famosas Islas Galápagos y las investigaciones que Charles Darwin realizó aquí para escribir sobre su renombrada teoría del origen y la evolución de las especies. Por eso mismo, trataré de enfocar este capítulo en datos curiosos y observaciones que posiblemente no te imaginabas, por ejemplo, ¡¿sabías que las Islas Galápagos están en Ecuador?! Yo sé que para muchos esto es demasiaaaado básico, pero se sorprenderían con la cantidad de personas a quienes les he contado que visité las islas y se imaginan que están en algún territorio africano o en Australia. Por alguna razón, el cerebro humano escucha sobre un sitio lleno de animales, paisajes y bases de investigación científica, y en automático crea un mapa de Oceanía o África. ¡PERO NO! Este increíble pedazo de tierra que, por cierto, se mantiene muy bien conservado gracias a un arduo trabajo de conservación, se encuentra en nuestra querida Latinoamérica, a tan solo dos horas volando de la bella ciudad de Guayaquil.

Otro dato bien peculiar y un tanto perturbador: **¿sabían ustedes que el investigador Charles Darwin posiblemente nunca hubiera visitado las Islas Galápagos si no fuese porque un hombre se suicidó?** Se dice que hace mucho tiempo, durante el siglo XIX, el Reino Unido mandó a un equipo de marineros a explorar islas en Sudamérica por razones comerciales, y eventualmente el capitán del barco se quitó la vida porque no tenía a alguien lo suficientemente inteligente acompañándolo para poder entretener su mente y evitar que la locura y la soledad en medio del mar se apoderaran de sus pensamientos. Por ello, cuando se envió a un segundo equipo a completar la misión, procuraron mandar al nuevo capitán en compañía de alguien intelectual y educado. Así fue como las autoridades dieron con Charles Darwin, quien a escondidas hizo de las suyas y convirtió una exploración comercial en un viaje de investigación que posteriormente publicaría en su polémica obra *El origen de las especies*. ¿Lo amerita? Claro que sí. Vaya dato DEMASIADO perturbador.

Ubicación:
Puerto Ayora, Ecuador

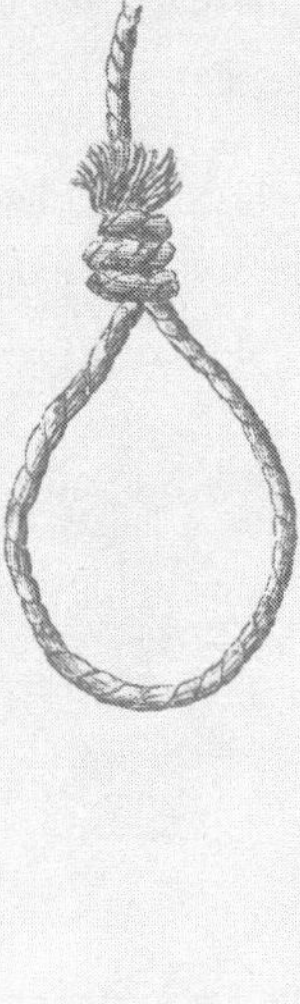

La estación científica Charles Darwin fue fundada en la década de 1960 y busca esparcir conocimiento y proyectos a favor de la conservación de las islas.

Es usual ver letreros de cruce de tortugas por las calles. Debido al turismo que las islas reciben, muchos de estos están escritos en inglés.

Me imagino que muchos pensarán que todas las islas en Galápagos son remotas y se encuentran deshabitadas, pero realmente tienen una población de unas 35,000 personas a la fecha en que redacto esto (dato no oficial a falta de un censo reciente). Galápagos cuenta con escuelas, oficinas e incluso industria local de alimentos y bebidas. Claramente no existe ninguna urbe enorme, pero sí significa un hogar para decenas de miles de personas, siendo Puerto Ayora la ciudad más grande, donde viven alrededor de 20,000 galapagueños (muchos también dicen "galapaguenses"). **Cabe mencionar que las islas con un alto nivel de especies animales se mantienen sin población humana y con un estricto control de visitantes. Se toman demasiado en serio el tema de la conservación por aquí, lo cual me parece maravilloso.**

Navegar por las noches es una actividad común entre los locales.

Es usual ver iguanas por todos lados.

“Reptilia Galápagos”, una de las cervezas de producción local.

Así se ven la mayoría de las calles fuera de los sitios turísticos.

Las letras de colores para que turistas se tomen fotos son una sensación internacional.

Me topé con esta obra de arte que un artista local hizo utilizando basura.

El detalle me pareció brutal.

En un restaurante me comí una langosta fresca.

¡Vean qué perra delicia!

A continuación les mostraré algunas fotos de animales que tomé explorando las islas. **Advierto que podrían sufrir un ataque de ternura al visualizar algunas de estas imágenes (sobre todo las de las foquitas bebés).** Y es que este sitio es el paraíso para todo fotógrafo, amateur o profesional. Es muy común tener a metros de uno a animales tan exóticos que ni en los zoológicos con enormes presupuestos se suelen ver y en entera libertad. No se me ocurre otro término para describirlo: **Galápagos es un PARAÍSO.**

Iguana terrestre de Galápagos.

Véanla. Es majestuosa, la tremenda.

Este animal es una iguana terrestre de Galápagos. Hoy en día su población es estable, pero hace mucho tiempo llegó a estar en peligro de extinción, y la especie fue rescatada gracias a la idea de un científico. Resulta y acontece que este animalito solía ser endémico de la isla de Baltra (también en Galápagos), donde un día las autoridades decidieron que querían construir una base militar. Fue entonces que un naturalista advirtió que esto podría extinguir a la majestuosa iguana, por lo que inició un proyecto para relocalizarla y esparcirla en las demás islas de Galápagos. Su plan funcionó a la perfección y la especie hasta la fecha sobrevive, pero irónicamente ahora esta iguana está poniendo en riesgo a varias especies de plantas, pues se las come y estas naturalmente no estaban diseñadas para ser su alimento. Una muestra de lo que la falta del balance puede significar, y lo buena o terrible que puede llegar a ser la intervención humana.

Podría quedarme horas apreciando sus detalles.

Incluso posó conmigo para una foto. Una lindura.

Este es un piquero de patas azules.

Se caracteriza por sus notables patas azules.

Y, de hecho, mientras más azules sean las patas de los machos, más fácil les será conseguir pareja. Esto hará que la hembra vea que tienen "buenos genes".

Al no tener depredadores cerca, reposan a corta distancia del suelo.

No me creo lo cerca que estaba de estos tremendos.

Un polluelo de piquero posa junto a un piquero adulto. Podemos intuir que el azulado de sus patas va adquiriéndose con el tiempo.

Estas son las icónicas tortugas gigantes de Galápagos.

Pueden llegar a medir más de 1.80 metros y pesar más de 300 kilogramos. Se cree que pueden llegar a vivir hasta 120 años. OLOVORGO.

Estos cangrejos me parecieron fascinantes. Se adaptan al color de las piedras para ocultarse de sus depredadores.

Estos otros cangrejos, al contrario, modifican su color para verse más rojos.

Mientras más rojos se ven, más peligrosos los perciben sus depredadores.

Una parvada de fragatas reposan en un árbol.

Las fragatas macho se caracterizan por tener el pecho rojo, el cual inflan para llamar la atención de las hembras.

Otro animal que me llamó demasiado la atención es la fragata (o "fregata") de pecho rojo. Más allá de su imponente pecho que podría confundirse con un globo de fiesta infantil o con la nariz de un payaso, algo que resulta peculiar es que son, por así ponerlo, los "bullies" de las islas. **Los chicos malos que se aprovechan de los más débiles durante el recreo del colegio de las aves galapaguenses. ¿Por qué digo esto? Porque básicamente son tan holgazanas, que en vez de ir a cazar su propio alimento, deciden sacar ventaja de su gran tamaño** (llegan a tener una envergadura de más de 2 metros) **y atacan a otras aves que ya comieron** (cazando su propio alimento, por supuesto); **las zangolotean, las marean y las hacen guacarear para después comerse su vómito.** Les digo: las fragatas son unas abusadoras.

Este es un polluelo de fragata. Desde bebé se le ven las intenciones de hacer vomitar a los más débiles.

Y, por supuesto, que las fragatas también son muy cagonas. Las piedras están blancas por las menudas cacotas que estas se echan.

Y, hablando de caca, me dijeron que esta pequeña isla está posiblemente constituida en un 80% de excremento de un pez llamado "pez loro", que come solo corales. Por consecuencia, su caca es arena, la cual se ha acumulado a través de los siglos y ha formado esta isla. Una isla de caca.

Caminando por la isla de caca (lee la descripción de la foto anterior a este texto si no entiendes de qué estoy hablando) me encontré con un par de foquitas muertas. Una de ellas había fallecido poco tiempo atrás y la otra tenía quizá varios días. Curiosamente, ver una foca en estado de descomposición no me puso triste, sino contento; contento de poder apreciar el ciclo de la vida en su estado más puro, con aves e insectos alimentándose de un ser ahora muerto. **Mi mente incluso se puso a filosofar sobre la importancia de pagar tus deudas a la Madre Tierra. Un momento que, extrañamente, recuerdo con cariño.**

Esta foca posiblemente tenía horas de haber fallecido.

Esta otra ya tenía varios días. Supongo que todos algún día seremos el alimento de otro ser vivo. El ciclo de la vida en su máximo esplendor.

Pero bueno, suficiente de hablar sobre focas muertas. Mejor les muestro fotos de unas focas y leones marinos bien vivitos que me encontré explorando las islas.

Galápagos me dejó encantado. Un sitio hermoso que considero un ejemplo de cómo debería practicarse la preservación de las especies. Sin duda alguna, un lugar asombroso.

LANGJÖKULL

UN MASIVO PEDAZO DE HIELO

Recordar esta aventura hace que se me enrojezca la nariz y se me entuman los dedos, porque, no sé a ti, pero a mí el frío intenso me parece sumamente doloroso. Y tampoco conozco tu definición de "frío intenso", pero estoy convencido de que -30 ºC entra en esta categoría. Caminar en carne propia por este masivo pedazo de hielo fue cansado, duro, pero muy gratificante. Pocos panoramas en el mundo me han logrado quitar el aliento como este glaciar islandés lo hizo.

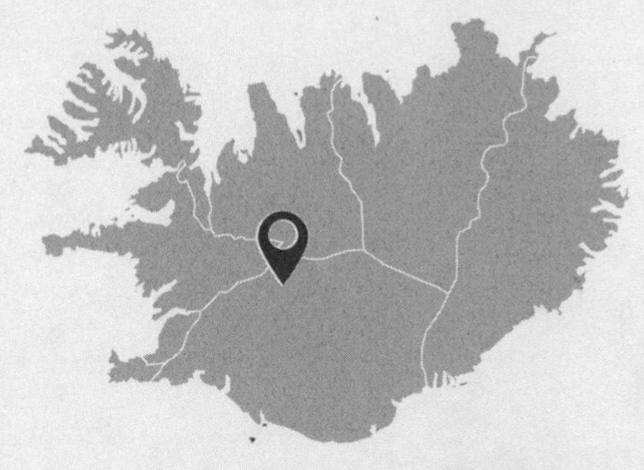

Ubicación:
Glaciar Langjökull, Islandia

Tomé esta fotografía con mi *drone*. Qué envidia le tengo a los pájaros.

Esos puntitos que ven somos mi *crew* y yo. Ni una sola alma en kilómetros a la redonda. Solo hielo y nieve.

***Langjökull*, que se traduce literalmente como "glaciar largo", es el segundo glaciar más grande de Islandia y, por ende, también de todo el continente europeo.** Tiene una superficie de más de 900 kilómetros cuadrados y su punto más alto alcanza los 1,300 metros sobre el nivel del mar. Al ser un masivo espacio lleno de nieve y cuevas de hielo, para muchos este sitio podría ser un sueño, pero para otros es una completa pesadilla. Basta ponernos a pensar en qué sucedería si nuestras motos o automóviles de repente dejaran de funcionar... ¿Qué haríamos? Por muy fuerte que grites, absolutamente nadie te va a escuchar y en la mayor parte del glaciar no llega una sola rayita de señal a los teléfonos. De un momento a otro, podríamos convertirnos en los personajes de una película de aventura en la que los protagonistas terminan recurriendo al canibalismo para salvar sus vidas... Pero creo que ya me puse muy oscuro y negativo; mejor enfoquémonos en lo lindo de este destino.

La manera más eficiente para transportarse en este entorno es a bordo de una moto de nieve.

Las horas de sol durante el invierno en este lado del mundo son escasas, por lo que es importante comenzar temprano.

Hablemos sobre el equipo que es necesario considerar en una aventura de este estilo, porque, sin duda, una vestimenta apropiada en extremas temperaturas es clave para sufrir menos y disfrutar más. **Comenzamos con un traje enterizo aislador de humedad, encima del cual tendremos que usar chamarra y pantalón de invierno; es decir, tendrás la complexión de un oso peludo cada que desees estar afuera. Portar unas botas para nieve con calcetas de lana también es fundamental; bien decía tu abuela que el frío entra por los pies y tenía toda la razón. Adherir un par de crampones** (de esos picos que se ponen en los zapatos) **a tu calzado, para evitar resbalarte, resultará sumamente útil; de verdad, una caída aquí podría tener un desenlace trágico. Recomendaría también una frondosa bufanda y, por supuesto, unas enormes gafas de sol.** ¿Sabías que el reflejo de la luz del sol sobre el hielo puede dañar tu vista hasta, incluso, cegarte temporalmente? Es como si tuvieras un enorme reflector apuntando directo a tus ojos a todas horas. **Y, por último, recomendaría una cámara de acción que aguante agua, golpes y frío intenso;** lo que menos quieres es estarte preocupando por tu cámara cuando podrías estar ocupando tu mente en dejarte apantallar por lo que está sucediendo ante ti.

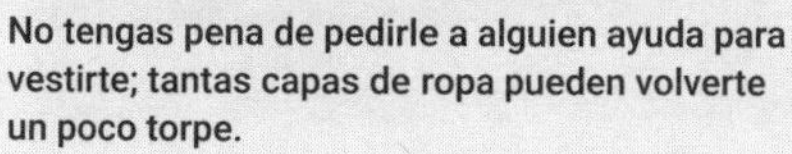

No tengas pena de pedirle a alguien ayuda para vestirte; tantas capas de ropa pueden volverte un poco torpe.

Lo que estoy masticando es un pedazo de hielo que se desprendió de una cueva. Posiblemente tenga décadas, o incluso siglos, de antigüedad.

Para movilizarnos y poder explorar el glaciar de manera eficiente, mi equipo y yo rentamos unas motocicletas de nieve. Sin duda le otorgó un encanto especial a la travesía. Definiría incluso como "mágico" el poder acelerar a todo motor, sin un solo obstáculo en tu camino, viendo nada más las tonalidades blancas a través de tus gafas de sol. No siento vergüenza al admitir que derramé más de una lágrima por lo mucho que estos paisajes me lograron conmover. Tiene algo único lograr sentirte solo en el planeta, aunque sea por unos cuantos minutos, teniendo la libertad de gritar, reír y llorar sin ser escuchado. Una sensación, simple y sencillamente, hermosa.

Tomé esta foto en pleno movimiento fijando una cámara de acción a mi casco.

¿Te imaginas darte un chapuzón en estas aguas?

Hace tanto frío que incluso las cascadas se congelan.

En un punto de la exploración nos encontramos con un equipo de investigadores que estaban abriendo caminos y fijando cuerdas dentro de una cueva de hielo. Hacen esto con la finalidad de volverla más segura para los visitantes, porque sí, en caso de que te lo preguntaras, este sitio es relativamente turístico. Por supuesto que no es un destino para todos y visitarlo resulta costoso, pero los especialistas de Islandia hallan un gran mercado al ofrecer este tipo de experiencias extremas a viajeros aventureros. A diferencia de otras cuevas artificiales que se pueden visitar en el glaciar, los investigadores me contaron que esta es una cueva natural que posiblemente tomó décadas en formarse. La encontraron un día y llevan ya largos meses desenterrándola y adaptándola; es un trabajo muy riesgoso e importante el que estos investigadores desempeñan.

La entrada a la cueva es de tamaño bastante reducido.

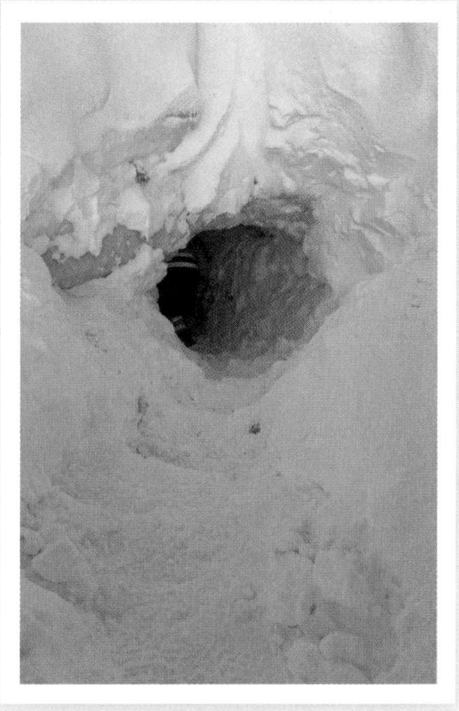

Un paso en falso podría dejarte atrapado bajo toneladas de nieve.

Las cuevas de hielo fueron durante mucho tiempo las casas de las personas de este lado del mundo. Su más importante característica es que logran aislarte del viento y las nevadas constantes.

El hielo es tan grueso que tarda mucho tiempo en derretirse. Lo que le da la tonalidad negra son los minerales sobre los que se ha formado, mismos que hacen que ingerir este tipo de hielo, a diferencia de la nieve, logre hidratarte.

Y, en general, todos los espacios abiertos de Islandia son, efectivamente, *lugares asombrosos*. Desde sus carreteras hasta sus volcanes, este país es sencillamente impactante; un paraíso para todo amante de la fotografía. **En más de una noche logré ver las legendarias auroras boreales y gocé de poder bañarme en incontables huecos de aguas termales, viendo los colores que sus cielos alcanzan, prácticamente sacados de una película de ciencia ficción.**

Poder conducir por estas carreteras fue una parte fundamental de la travesía.

¿Logras observar cómo la luna está presente en la mayoría de las fotografías? Eso es algo que ocurre durante los inviernos en Islandia; la luna está siempre a la vista.

Para fotografiar auroras boreales en el cielo es necesario tener una cámara con opción de obturador manual.

Una vez que le agarras la onda, es fácil replicar la técnica.

En algunos sitios las aguas volcánicas llegan a calentarse a más de 100 ºC, por lo que hay letreros que constantemente advierten a los viajeros.

Pisar accidentalmente tierra volcánica también podría tener consecuencias letales, por lo que es común ver este tipo de advertencias.

Entre otras cosas que lograron sorprenderme están los constantes "volcanes nuevos" en el territorio de la isla. Un día mi guía local me llevó a ver un volcán que tenía apenas unas cuantas semanas de haber brotado de la tierra. Lo más loco es que esto es algo que suele acontecer en Islandia y los locales están relativamente "acostumbrados". El día que lo visité, los alrededores del volcán parecían una nueva atracción de un parque de diversiones, llenos de personas ansiosas por conocerlo.

Un detalle que también logré capturar con mi *drone*. El calor del suelo volcánico es visible.

Logré tomar esta fotografía del "nuevo volcán" usando mi *drone*. La calidad no es la mejor, pues la luz del sol estaba por irse, pero podemos lograr apreciar la lava secándose para convertirse en piedra volcánica.

Palabras me faltan para describir el respeto que me impusieron los constantes bombardeos de realidad durante esta travesía. Desde poder ver cómo los hielos del planeta se están derritiendo a gran velocidad hasta poder apreciar cómo la belleza natural de nuestro planeta es interminable. **Fue un viaje de contrastes: miedo y emoción, felicidad y tristeza, temor e intriga. Islandia me representó un enamoramiento inesperado.**

BAARLE

EL PUEBLO COMPARTIDO

Ubicación:
Baarle-Nassau/Baarle-Hertog, Países Bajos/Bélgica

Tomemos este capítulo como un pequeño descanso de una travesía intensa recorriendo destinos que pueden resultar abrumadores. Porque seré sincero: este destino es para hacer turismo de abuelos. Se trata de un pequeñito pueblo europeo, lleno de casitas que siguen una misma tonalidad, tiene adorables restaurantitos donde te servirán cervezas locales y pasadas las nueve de la noche difícilmente encontrarás algo abierto. Pero cuenta con una característica que lo hace único y, en efecto, "asombroso". Léanme con atención: **es un territorio compartido entre dos países, viviendo en completa paz. No hay conflicto por tierra, religión, costumbres, gobierno o recursos.** ¿Una comunidad habitada por pobladores de dos países distintos que vive en completa armonía? Eso es lo que convierte a este pueblito en un destino ASOMBROSO.

Así se ven las calles aquí. Misma tonalidad y estilo de arquitectura en todas las casitas.

Este pueblito incluso tiene dos nombres.

Baarle es un poblado en el que habitan alrededor de 7,000 personas (bastante diminuto) y que se extiende entre Bélgica y Países Bajos. Para saber en qué país te encuentras caminando deberás analizar constantemente los letreros a tu alrededor, porque el nombre del pueblito cambiará de acuerdo con los límites geográficos: si estás en Baarle-Nassau, significa que estás en Países Bajos, y si estás en Baarle-Hertog, significa que te encuentras en Bélgica.

Las fronteras de los países están marcadas con líneas de pintura en el piso.

Caminar por aquí me resulta un tanto confuso, pues no es como que hay una sola línea fronteriza que marca el inicio de un país y el final de otro. **Baarle está dividido en 24 distintos pedazos de tierra, que a su vez están geográficamente adentro del territorio oficial de Países Bajos. Para simplificarlo, podríamos decir que son pedacitos de Bélgica dentro de Países Bajos,** en los que Bélgica puede cobrar sus propios impuestos y aplicar sus propias leyes. He ahí lo complejo que se puede tornar. La división de territorios se ve más o menos como se ilustra en este mapa:

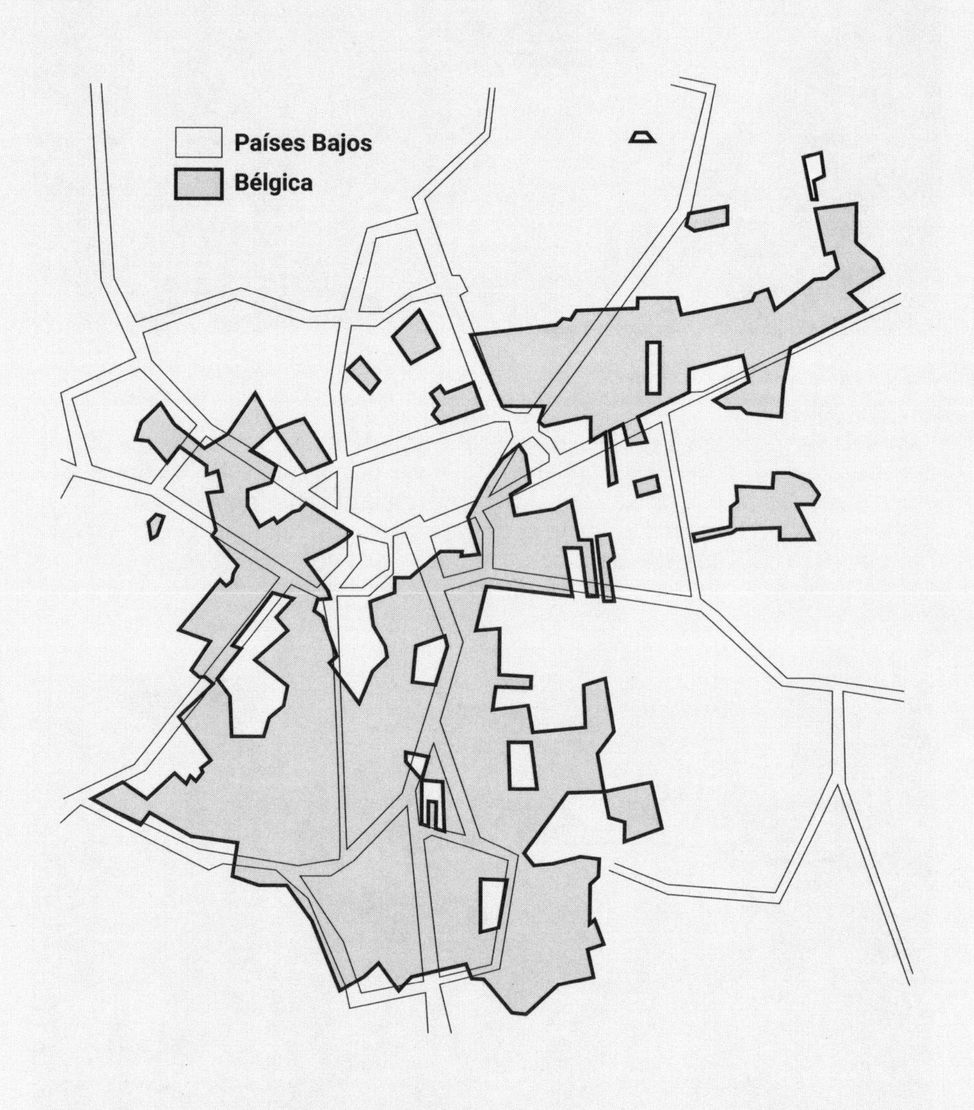

Un pueblo de un país adentro de otro país... Difícil de entender al 100%, ¿cierto?

Y sin duda lo más divertido en esta localidad es cruzar fronteras internacionales constantemente. Un minuto estás en Bélgica y al otro en Países Bajos. Caminas un poco más y, ¡wow!, has llegado de nuevo a Bélgica. Un poquito más y, claro que sí, de vuelta en Países Bajos. Me sentí como Homero Simpson saltando de un país a otro en aquel viejo capítulo de *Los Simpsons* (espero que alguien entienda esta referencia).

"B" es por "Bélgica" y "NL" es por "Netherlands" (Países Bajos).

Tantas dudas me surgen sobre las normas de esta comunidad, empezando por el pago de impuestos. **¿A quién le pago por el uso de suelo de mi casa? ¿Qué país se lleva los impuestos por los alimentos que compro en el supermercado? ¿En qué territorio debo emplacar mi automóvil?** ¡Esto es demasiado complicado! Pues resulta que, a grandes rasgos, Baarle se rige por la "regla de la puerta frontal" que dicta que tu hogar pertenecerá al país donde esta se encuentre. No obstante, el pago de impuestos por propiedades será proporcional al número de metros que estén ubicados de cada lado. Por ejemplo, si tu casa mide 100 m^2, de los cuales 60 m^2 están en Bélgica y 40 m^2 están en Países Bajos, significa que pagarás 60% de tus impuestos a Bélgica y 40% restante a Países Bajos.

Existen casas y negocios que se dividen a la mitad entre ambos territorios.

Si hablamos sobre los precios de las cosas, me comentaron algunos locales que es más barato hacer compras de supermercado del lado de Países Bajos, pero que los impuestos de vivienda, automóviles y salud resultan más económicos del lado de Bélgica, aunque la diferencia tampoco es tan descabellada. Ah, y ya que menciono el tema de los automóviles, hallo peculiar el ver tantas placas de ambos países conviviendo en una sola calle. Aquellos vehículos con una letra "B" en su placa están registrados en Bélgica, y aquellos con "NL" están registrados en Países Bajos.

Este auto esta registrado en Bélgica.

Y este auto está registrado en Países Bajos.

¿Observan cómo la puerta está justo en la división territorial?

Ahora, la dichosa "ley de la puerta frontal" se puede poner bastante complicada, pues es usual ver propiedades cuya puerta frontal ¡está ubicada justo en la frontera! En estos casos, queda enteramente a la decisión de los dueños de las propiedades el decidir a qué país pertenecerán. Esa parte me agradó; nos habla de una evidente libertad individual de los residentes.

Yo decidiría a qué país pertenecer basándome en cuál resulta más barato. ¿Tú cómo lo decidirías?

Y la situación se pone aún más compleja cuando hablamos sobre qué leyes se deben respetar, o incluso qué idiomas deben aprender los residentes. Por dar un ejemplo, la edad mínima para comprar alcohol de baja graduación en Bélgica (vino, cerveza y similares) es de 16 años, mientras que en Países Bajos es de 18. Entonces, ¿cómo hacen los jóvenes? ¿Se cruzan de territorio para comprar bebidas alcohólicas según les convenga? Y relativo al idioma, resulta que la lengua oficial es el neerlandés (también llamado "holandés"), pero es bien sabido que del lado de Bélgica tanto el neerlandés como el francés son lenguajes oficiales, por lo que en colegios ubicados del lado belga enseñarán a los estudiantes a hablar francés como un segundo idioma, mientras que del lado neerlandés se concentrarán en impartir inglés en sus planes de estudio.

Hay prácticamente dos países encargados para cualquier cosa: sistemas de autobuses, alumbrado público, cuidado de las calles, servicio postal, etcétera. Los dueños de las casas incluso acostumbran poner el número de su dirección dentro de una bandera que indica el territorio al que pertenecen, intentando hacerlo un poquito menos complicado.

La parada de autobús en primer plano (color amarillo) pertenece al sistema de transportes de Bélgica. Y la que está detrás (color grisáceo) pertenece al sistema de transportes de Países Bajos.

Las personas suelen indicar con una bandera en sus casas a qué país pertenecen.

Ciertas rutas en las calles también contarán con una bandera indicadora.

¿Y por qué es que Baarle está envuelto en semejante situación? Pues muuuy resumido, **resulta que hace muchísimos años dos hombres terratenientes llegaron a un acuerdo para intercambiar algunas tierras por servicios y cuidados mutuos. Eventualmente, llegó la hora de decidir la división política de estos terrenos y con el propósito de evitar derramar sangre se decidió que lo más inteligente sería dividirlos tal como hoy lo conocemos.**

Pensar en todos los detalles para vivir en Baarle es un completo dolor de cabeza, sin lugar a dudas. Pero también resulta peculiarmente conmovedor. Y es que existiendo tantas comunidades en una situación similar que viven en una eterna guerra, es inspirador y, repito, asombroso, encontrarnos con un par de territorios que han llegado a un acuerdo a favor de la paz, con fronteras de libre tránsito y una compartición justa de recursos. Un ejemplo a muy pequeña escala que muchas comunidades en situaciones similares podrían intentar seguir.

SUDÁN DEL SUR

EL PAÍS "MÁS JOVEN" DEL MUNDO

Te resumiré brevemente por qué este lugar es tan asombroso: **es el país más joven del mundo. ¿Qué significa esto y por qué lo hace "asombroso"? Porque es uno de muchos territorios en conflicto que ha logrado ser reconocido internacionalmente como un país independiente, y ese es un logro inmenso y admirable.** Producto de larguísimos años de guerra, incontables litros de sangre derramada, líderes fallidos y prácticas poco convencionales, Sudán del Sur tiene apenas 12 años (a la fecha en que redacto este texto) de haberse separado de su país vecino, Sudán. Fue en el año 2011 que, tras una NADA pacífica negociación, los territorios delimitaron una frontera que consideraron justa, decidieron dejar de matarse entre ellos y seguir sus caminos, definiendo sus propias leyes y tomando sus propias decisiones de manera independiente.

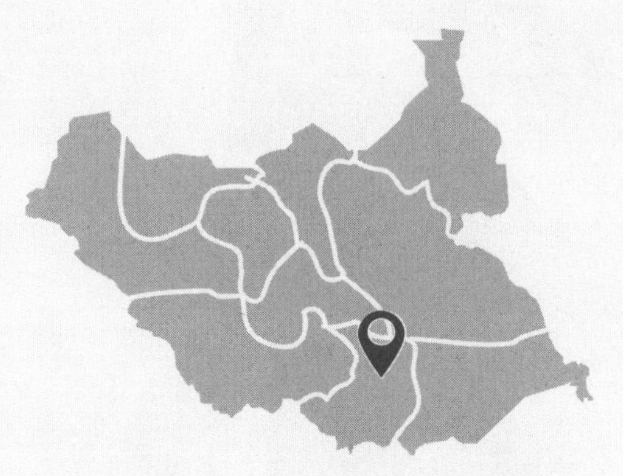

Ubicación:
Yuba, Sudán del Sur

La ciudad capital de Yuba cuenta con algunas calles pavimentadas.

Pero la mayoría de los caminos son de terracería, como lo ven en esta foto.

¿Alcanzan a apreciar las líneas en la frente de este hombre? Esto es algo muy comúnmente visto entre tribus africanas; las trazan con objetos afilados y representa que un hombre deja de ser un niño. Se cree que si la persona muestra dolor en el proceso de hacerlas, entonces no está listo para ser un hombre.

Los diseños de las líneas varían de acuerdo a las tribus y tienen diferentes significados. Estos hombres, particularmente, son de la tribu dinka, una de las más numerosas de la región.

¿Alcanzan a ver también cómo algunas personas tienen el cabello amarillo o anaranjado? Suelen lograr estas tonalidades rociando orina de vaca sobre sus cabezas.

Más triste que curioso, son muchos los países africanos que se encuentran en una situación similar a aquella en la que estaban atorados nuestros amigos de Sudán del Sur, y la razón de esto es, de hecho, no muy difícil de analizar y se remonta a décadas en el pasado, cuando los líderes de las naciones europeas tenían colonias regadas por doquier (no es que hoy en día ya no las tengan, pero antes sí se pasaban DEMASIADO de abusivos). Llegó un punto de la historia en que decidieron, poco a poco, darle su libertad a los habitantes de África y dividir al continente en territorios. ¿Y cuál es la manera más inteligente y justa de hacerlo? Por supuesto (sarcasmo), trazando líneas rectas en un mapa usando un lápiz y una regla. ¿Para qué tomar en consideración las creencias, idiomas, religiones y prácticas de los seres humanos cuando simplemente se pueden dibujar fronteras internacionales como si fueran lotes de tierra? (Nuevamente sarcasmo). Sé lo feo e inhumano que suena esto, pero es parte de la historia y tristemente así sucedió.

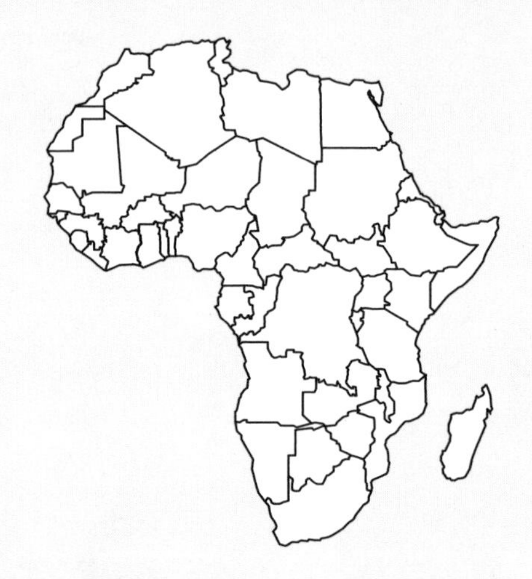

¿Se dan cuenta de la cantidad de líneas rectas que existen? Pues antes la cosa estaba MUCHO peor; vean este mapa de hace apenas unas décadas:

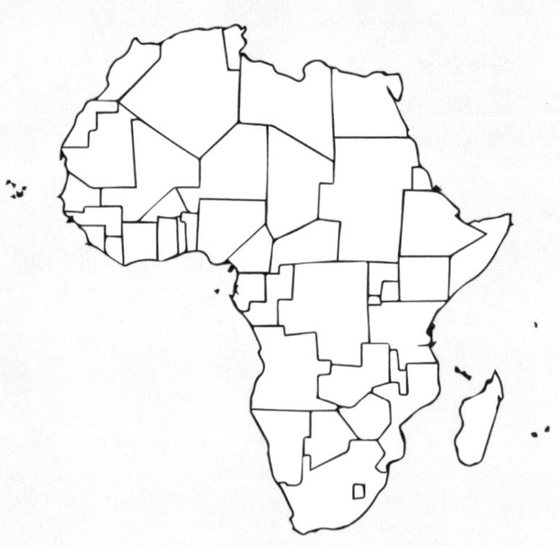

Son muchas líneas perfectamente derechas, ¿cierto? Resultado de la pereza y falta de interés de los llamados "líderes mundiales", quienes veían al continente como un lote masivo que debía separarse en "terrenos". Tomemos como ejemplo otros continentes, vean:

Esta es América. No hay una sola línea recta.
Esta es Europa. Ni una línea derechita.
¿Asia? Tampoco. Y así podríamos continuar, continente por continente.

Entonces, ¿qué pasa cuando juntas a grupos masivos de personas que no practican la misma religión, ni tienen los mismos principios, ni practican las mismas actividades y ni siquiera hablan el mismo idioma, y les dices que ahora son "paisanos"? **Suceden masivos choques culturales, que causan discusiones, evolucionan en conflictos y eventualmente resultan en guerras. Eso es lo que sucede con muchos territorios de África y el resto del mundo, y Sudán del Sur logró dar un enorme y admirable paso.** No significa que sus guerras y ataques han culminado, pues aún están intentando resolver un montón de problemas internos, pero al menos la "peor parte" (si es que así podemos llamarle) ha terminado.

No recuerdo por qué a las personas les gusta posar con las manos así, pero en este capítulo verán esta pose en varias ocasiones. Por cierto, a la mayoría de la gente en las aldeas le gusta muchísimo ser fotografiada.

A estas mujeres les tocó hacer guardia de territorio y animales por la noche. La base sobre la que están sentadas será su cama esta velada.

Muy casualmente se verán a personas bailando y haciendo ruido mientras cuidan de su ganado. Esto es por dos razones: 1. Deben mostrar energía, ser ruidosos y exhibir sus armas y banderas para prevenir ataques.
2. Me imagino que de repente se deben aburrir y eso los mantiene entretenidos.

Por cierto, no hemos hablado de lo enormes que son las vacas por allá...

¡Vean esos cuernos! Impresionantes.

Dicho y explicado esto, comencemos con la descripción de cómo es visitar este territorio hoy en día. De entrada, es una experiencia impactante, complicada y ligeramente aterradora. **Al haber vivido durante tantos años en guerra, este país está repleto de armas.** Y no estoy hablando de pistolas y cuchillos; me refiero a enormes metralletas y lanza-granadas sin un poquito de control, con números de registro dudosos y balas prácticamente infinitas regadas por doquier. **Es lo más cotidiano ver a personas con poderosas AK-47 y M-12 por las calles y los campos.** Tanto así que campesinos sin un gramo de maldad las utilizan para cuidar de su ganado. Niños aprenden a usarlas desde muy tempranas edades y grandes grupos de personas se reúnen a disparar al aire cuando están aburridos. Es el entorno en el que han crecido y les resulta enteramente normal tener acceso a armas que en la mayoría del mundo serían consideradas de destrucción masiva.

¡Qué impactante arma! Y es utilizada, entre otras cosas, para cuidar vacas.

Los cuidadores de las aldeas deben estar siempre preparados.

Ahí va la pose de nuevo.

Este es el masivo artefacto que me ofrecían por 1,500 dólares o unas cuantas vacas. (sigue leyendo, más adelante entenderás de qué hablo)

Al momento en que los hombres de las aldeas te ven con una cámara, posiblemente irán a pedirte que les tomes una fotografía.

Les cuento que he visitado varios países en conflicto, pero nunca me había resultado tan fácil poder comprar un arma y mucho menos una tan grande. No hay necesidad de irte a meter a las entrañas de algún mercado para negociar que una persona de dudosa reputación te venda una pistola 9 mm con el número serial borrado; basta con acercarte a algún granjero y dialogar para que te cambie una metralleta y un par de granadas por unas cuantas vacas. Llegaron a ofrecerme un artefacto similar a una "Morelos" (un arma grandísima que necesita de un tripié para utilizarse) por el equivalente a 1,500 dólares, precio que aparentemente es muuuy barato.

Aquellos que no tienen armas de fuego, usan palos o machetes en las conocidas "danzas de guerra".

Mujeres locales reciben muy amablemente a Arisita, mi compañera de viaje.

Tras haberles contado todo esto, siento la necesidad de aclarar que, a pesar de ser un país en evidente conflicto, no significa que su gente sea malvada. **Las personas en las aldeas son generalmente muy amables y receptivas, con ganas de salir adelante a base de honestidad y acciones positivas.** Basta con caminar por las calles para percatarnos de esto; muchos de los ahora adultos alguna vez fueron "niños soldados" forzados a cometer actos terribles bajo influencias químicas y abusos físicos y verbales. Han visto y hecho cosas que la mayoría de nosotros ni siquiera podríamos imaginar. No obstante, se mantienen por un buen camino, sin robar ni romper la paz en sus entornos, intentando superar aquellos imborrables recuerdos captados por sus sentidos.

¿Alcanzan a ver que el joven del lado izquierdo en esta foto está sosteniendo un teléfono celular? No es usual que todos los habitantes de aldeas cuenten con móviles, pero al menos un par de líderes o afortunados tendrán dispositivos de comunicación.

En estos centros también se pueden hacer recargas de saldo telefónico, y suelen estar ubicados en mercados y centros concurridos.

Al no haber instalación eléctrica en todas las aldeas, es común encontrarse con este tipo de centros en donde las personas dejan sus teléfonos cargando.

Un dato curioso y que a muchos nos resulta divertido es que este país tiene el promedio de personas más altas del mundo. ¡Y esto es muy cierto! Yo mido 1.70 metros y a donde sea que fuere debía hablarle a todos hacia arriba; muuuy arriba. Muy cotidianamente se ven personas que miden más de 2 metros de altura y me resultaba muy divertido ver cómo reaccionaban a lo pequeño que soy para ellos. Para unas buenas risas, una barrera de idioma no es impedimento.

Y ya que les estoy mostrando tantas fotografías que tomé estando por allá, debo mencionarles lo EXTREMADAMENTE DIFÍCIL que es tomar fotos en Yuba, la capital de Sudán del Sur. Una vez que salí de la ciudad y me adentré a las aldeas, no hubo la más mínima dificultad y, siempre y cuando diera yo una pequeña propina a los proclamados "líderes de las comunidades", no existía un solo problema. Pero dentro de Yuba, uf, ¡otra historia por completo! **En el momento en que alguien ve que tienes afuera una cámara, aunque sea la de tu teléfono móvil, comenzará a hacer alarde buscando que vengan las autoridades para forzarte a borrar fotografías y videos.** Esto se debe a que sus actuales gobernantes les han metido ideas de que "las personas del resto del mundo solo quieren burlarse de su pobreza", por lo que existe una evidente actitud defensiva hacia los extranjeros, y ni siquiera ellos mismos suelen ver bien el tomar fotografías en áreas públicas de la ciudad con sus teléfonos móviles. Sospecho que es una técnica muy bien aplicada por parte de los líderes para que los medios de comunicación no hablen sobre la realidad de su entorno y la gente de otros países no sepa mucho sobre ellos. Irónicamente, y ésta es mi opinión personal, pienso que aumentan el estigma hacia su gente al mantener todo tan sospechoso y "prohibido". Más de una vez fui interrogado por personas uniformadas en la calle sobre cuál era el propósito de mi visita. Vaya situaciones incómodas en las que me vi involucrado.

Es común ver anuncios con el rostro de su presidente, Salva Kiir Mayardit, una figura muy respetada e incluso temida por muchos.

Al contar con una divisa tan devaluada y un porcentaje prácticamente nulo de bancarización, es indispensable moverse con grandes fajos de billetes.

Muchos de sus billetes tienen la imagen de un león, animal que no es muy usual avistar, pero llega a suceder.

Aquí logré fotografiar a un león reposando bajo un árbol. Un avistamiento que me fascinó y asustó por igual.

También me encontré con la cabeza de una hiena por la calle, posiblemente aniquilada por locales para evitar ataques a humanos en la ciudad.

No quiero culminar este capítulo sin contarles el tema de la gente adinerada de este país. No muchos medios de comunicación suelen hablar de esto, pues Sudán del Sur ha sido incluso nombrado como "el país más pobre del mundo", pero, claro que sí, como en todos lados, existe un lado de la sociedad que es sumamente adinerado. Hay un solo hotel de lujo en el país y, en efecto, es bastante lujoso. Cuenta con un bar y un restaurante al que acuden las personas con dinero de sobra, e incluso existen agencias de automóviles lujosos. No es tan inusual ver camionetas valuadas en cientos de miles de dólares circulando por las carreteras y hay también un par de supermercados "de lujo" en los que se encuentran incontables productos de importación y ropa costosa. Justamente nos tocó pasar el 14 de febrero (día de San Valentín) por allá y no esperaba que fuera semejante celebración entre la "alta sociedad". Chicas con sus mejores vestidos acudían a los "brunch" en sitios de lujo para tomarse fotografías con ostentosos arreglos florales y de globos. Una escena que, muy ignorantemente de mi parte, no esperaba presenciar.

En los supermercados para gente rica frecuentemente se encuentra una gran variedad de productos de importación.

Incluso productos etiquetados en español

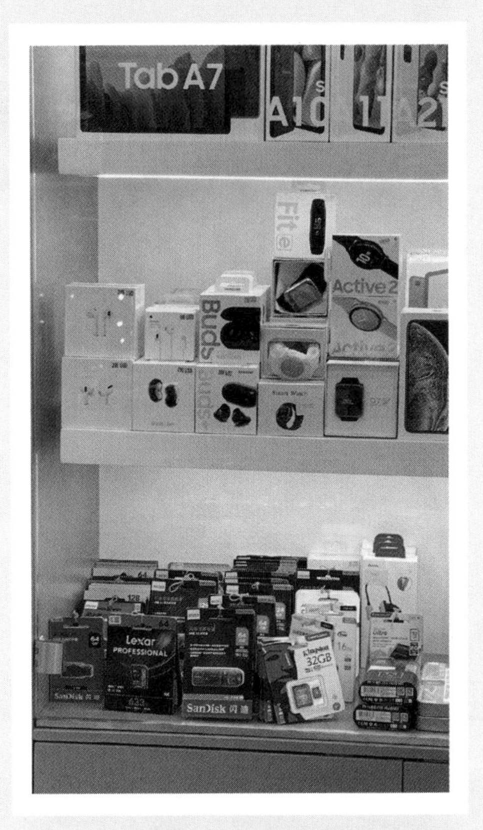

La tecnología es difícil de encontrar, pero con el dinero suficiente siempre existirán sitios especializados.

Y lo mismo ocurre con artículos de moda. ¡Hasta agencias de autos de lujo me llegué a encontrar! Como en el resto del mundo, siempre habrá un porcentaje de adinerados buscando gastar en lo mejor.

En resumen, Sudán del Sur es un país cuya percepción negativa esconde a sus nobles y optimistas habitantes, quienes ven ahora, más que nunca, una ventana de oportunidad y apertura hacia un tan anhelado estado de paz. Una sociedad que ha vivido muchas desgracias y está cada día más cerca de ver prosperidad en sus tierras. **Podría ser que esta generación viva para contar a sus nietos del cambio radical que tuvieron sus acciones y por eso lo considero un lugar asombroso.**

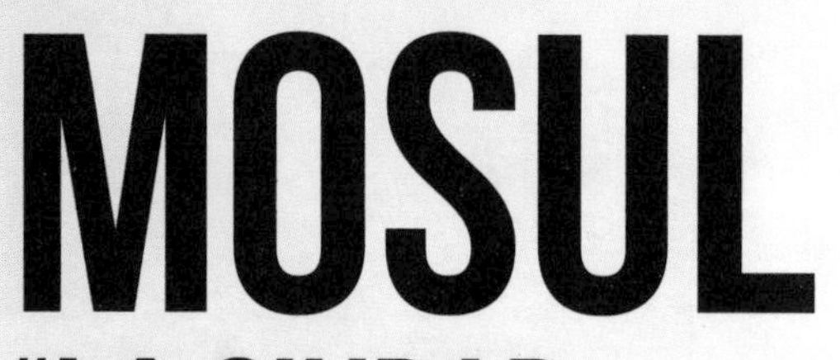

MOSUL

“LA CIUDAD DESTRUIDA”

Antes de comenzar con este capítulo, quiero definir la palabra "asombroso" en un intento por justificar por qué he incluido este sitio en este libro. De acuerdo a la Real Academia Española:

Asombroso (adj.).- Que causa asombro.

Okei, ajá. ¿Y qué es "asombro"?

Asombro.- De "asombrar". Gran admiración o extrañeza. Susto o espanto.

Bueno, y para tenerlo súper claro, ¿qué es "asombrar"?

Asombrar.- Causar gran admiración o extrañeza a alguien.

Exactamente. Eso es algo *asombroso*. No he incluido esta ciudad en el libro porque la considere un sitio precisamente lindo que debe ser visitado por enormes grupos de turistas intentando borrar su reciente pasado. De hecho, la incluyo por todo lo contrario. Mosul causa *asombro* al presenciar lo que la guerra puede causar a un sitio y al atestiguar el esfuerzo colectivo de una sociedad por querer salir adelante. Esta última parte incluso la definiría como "hermosa"; logra conmover hasta al más descorazonado cómo una población desea regresar a ese hogar que alguna vez le fue arrebatado.

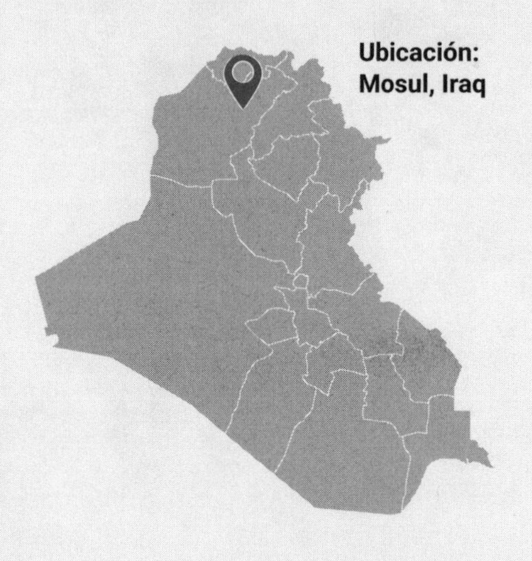

Ubicación: Mosul, Iraq

Un gran porcentaje de la extensión de la ciudad continúa enteramente destruido.

Estos autos posiblemente fueron utilizados como "coches bomba" durante alguna batalla.

Es muy común ver paredes quemadas y con marcas de balas.

Vamos al grano. **¿Recuerdan todo el conflicto de la guerra en Iraq sobre el que escuchamos durante años en las noticias? Pues aquí fue el centro del conflicto.** En esta ciudad sucedieron las grandes balaceras y explosiones, entre otros actos inhumanos y repugnantes. ISIS (el Estado Islámico de Iraq y Siria) situó sus cuarteles principales en casas que robaron a gente inocente y fue aquí donde las batallas finales sucedieron para traer paz nuevamente a la ahora destruida ciudad. Destruida físicamente, pero no en esencia. Personas intentan retomar sus vidas, construyendo sobre las cenizas de sus recuerdos. **Niños juegan entre restos de explosiones, señoras lavan ropa con un paisaje bélico de fondo** y grupos enteros se reúnen a tomar café ignorando los escombros sobre los que se sientan a discutir el chisme de la semana. Todo esto porque no tienen otro lugar a dónde ir y la esperanza es lo único que les queda para pacientemente lograr ver sus hogares arrebatados de vuelta.

Un niño juega y ríe con sus amigos, andando en su bicicleta por la reciente zona de guerra.

Estos jóvenes hermanos me guiaron por algunos minutos y me dieron consejos para caminar de manera segura entre los escombros.

Este niño camina entre las ruinas de vuelta a su hogar.

Esta persona ha limpiado el espacio que solía ocupar el hogar de su vecino para aparcar su automóvil. También ha renovado y pintado sus muros, teniendo ahora la única casa pintada en cientos de metros a la redonda.

Al quedar su hogar completamente destruido, esta familia ha improvisado una construcción sobre sus débiles cimientos. Podemos observar los ladrillos, el techo de lámina y la ropa tendida sobre la construcción bombardeada.

Caminar por estas calles es particularmente impactante por lo reciente de los hechos. Tengamos claro esto: los conflictos armados culminaron en 2017. Yo visité este sitio en 2022, tan solo cinco años después de la tragedia. Eso explica la actual apariencia de este poblado y representa un riesgo latente para todo aquel que lo recorra. El riesgo no está en encontrarse con alguna actividad criminal o acto de guerra; en ese aspecto uno está más que protegido. De hecho muchos locales dicen que hoy en día Mosul es la ciudad más segura de todo el territorio de Iraq y eso lo pude comprobar. Los retenes policiacos y puntos de revisión que existen para llegar por carretera ascienden a decenas. En tres ocasiones me hicieron bajar del vehículo que me transportaba para hacerme preguntas: ***¿quién eres? ¿A dónde te diriges? ¿Qué quieres hacer en Mosul?*** Aunque esto sí debo mencionarlo: los cuestionarios fueron de una manera muy amable. Los policías y soldados en Iraq, al menos con los que llegué a tratar, son sumamente amables y les agrada ver a turistas recorriendo su territorio. Al igual que el resto de la población, están listos para dar vuelta a la página y seguir adelante.

La mayoría de los oficiales aceptarán tomarse fotografías si lo pides con respeto.

Algunos incluso sonreirán para la foto.

El riesgo verdadero al aventurarse por Mosul es que podrías llegar a pisar algún objeto explosivo que continúe activo. Al ser la tragedia tan reciente, la mayor parte de los escombros no ha sido ni siquiera supervisada por profesionales. Es de lo más común encontrarte con cohetes desgastados, balas de ametralladora, chalecos de paramilitares, huesos (algunos de animales y otros posiblemente de humanos) y demás restos de guerra andando tan solo unos metros. Si realmente te pones a analizar lo que existe entre los escombros, te encontrarás con juguetes, dispositivos electrónicos, partes de automóviles, vaya, incluso con una vaca en descomposición me llegué a encontrar. **Algo que pude notar es que en varios edificios se escribe la palabra "safe" ("seguro" en inglés) debajo de la misma palabra escrita en árabe.** Esto indica que esa construcción ha sido analizada y que no debería existir riesgo al caminar por ahí. No obstante, la guardia no debe bajarse y se aconseja ver siempre por dónde uno pisa.

Chaleco desgastado perteneciente a un soldado.

Encontré este cohete usado dentro de una propiedad. Los niños de la comunidad incluso saben decirte los nombres técnicos de diferentes tipos de balas y cohetes que se encuentran tirados. Han crecido con el conocimiento de la guerra.

Juguetes de plástico y metal me ponen a pensar si sus anteriores dueños seguirán entre nosotros.

Una vaca en descomposición entre los escombros.

La mayoría de estos huesos seguramente pertenecieron a un animal. Pero algunos posiblemente sean humanos.

Una de las pocas casas que continúan en pie dentro de la más densa zona de batalla. Sus muros están llenos de marcas de balas y quemaduras.

La palabra "safe" escrita sobre los muros pretende avisar a las personas que ese perímetro ha sido analizado y se encuentra libre de bombas.

Algunas de las personas que a la fecha no han sido encontradas podrían estar descansando debajo de las ruinas.

Auto destruido entre los escombros.

Platicando con los locales, pude analizar que aún existe demasiada incertidumbre respecto a lo que sucedió en su tierra. Porque, claro, la versión oficial de la historia nos dice que un grupo radical islámico decidió tomar control de la ciudad imponiéndoles leyes absurdas y controlándolos usando las herramientas de la humillación y el asesinato. Un día los estadounidenses llegaron decididos a ponerle fin a tanto sufrimiento, mandaron a su ejército, acorralaron a los malhechores y finalmente lograron traer victoria y paz a los habitantes de Mosul. No obstante, mucha gente no se lo está creyendo. Me contaron teorías que tienen, dudas y hechos que no les hacen sentido. Les contaré algunas, aclarando que solo transmito lo que las personas me contaron y en ningún momento pretendo desinformar. Pero sí que estas afirmaciones incluso hacen dudar a uno mismo. Una de las más comunes es: **"¿Por qué si fue culpa del Estado Islámico, destruyeron tantas mezquitas tan importantes para los musulmanes?".** Esto es algo que no he abarcado y es que en esta zona de Iraq se encuentran algunas de las construcciones más antiguas de la religión islámica. Y más curioso aún, el ejército estadounidense terminó acorralando a sus contrincantes en la parte más antigua y valiosa para los musulmanes, haciendo a los locales especular y cuestionarse si tal vez alguien tenía planeado destruir partes invaluables de su cultura. Otra más es: **"Yo no podía entender lo que muchos de los terroristas hablaban entre ellos. Se comunicaban en ruso, inglés, hebreo y demás idiomas. Entonces, si se supone que ISIS es proveniente de Siria e Iraq, ¿por qué no estarían hablando en árabe?".** Los locales tienen la teoría de que estos grupos terroristas fueron armados por alguien más que reclutaba a paramilitares de todo el planeta. La verdad total aún se desconoce, y basta iniciar conversación con solo un par de familias locales para darte cuenta de que continúan inconformes con la versión escrita de los hechos.

Se estima que algunas de las mezquitas bombardeadas tenían cientos de años de antigüedad.

Aquellas mezquitas que no tienen riesgo de caer continúan siendo utilizadas por los locales para rezar.

Cuentan los locales que los terroristas se movieron a la parte antigua de la ciudad y rompieron el puente para que el ejército estadounidense no pudiese alcanzarlos. Este es dicho puente.

Hasta la fecha, la estación de trenes no funciona y funge como un cementerio de vagones.

Un imponente cielo azul convierte un escenario de tragedia en esperanza.

Odiaría que ustedes se quedasen con un mal trago tras leer este capítulo, por lo que me gustaría cerrar con el porvenir de Mosul. Basta con caminar hacia la denominada "parte nueva" de la ciudad para encontrarte con una distinta y esperanzadora realidad. Calles llenas de comercios, restaurantes e incluso algunos hoteles. Mercados vibrantes y puestos de comida callejera en las esquinas. Gente sonriente y amable brindando alegría a la urbe. Emprendedores jóvenes y viejos invirtiendo capital, buscando movilizar la economía local de su territorio. Es hora de darle protagonismo a los soñadores que echan porras a su hogar y desean gritar al mundo que la peor parte ha pasado. Mosul está lista para avanzar y levantarse, "más fuertes que nunca", me dice un hombre que atiende su puesto de carne. "Somos más buenos que malos", ríe su compañero al fondo.

Un par de carniceros me platican sus planes a futuro, con ayuda de mi amigo traductor, por supuesto.

Este hombre mayor cierra su puesto tarde, esperando vender algunos empaques de dátiles a los ambulantes nocturnos.

Un joven vendedor me ofrece pescado fresco de la región.

Niños juegan futbol en una de las calles comerciales renovadas de la ciudad.

Nuevos comercios surgen todas las semanas en este mercado renovado.

“Asombroso” se queda corto para definir lo que este sitio me ha provocado. **“Esperanza”, “sentimiento” y “fe”** son palabras que lo visten mejor. La sociedad en Mosul es una conmovedora reflexión de que de las cenizas se puede renacer y que, en efecto, la esperanza muere al último.

WADI AL-SALAM

"EL CEMENTERIO MÁS GRANDE DEL MUNDO"

El nombre de este cementerio se traduce como "El Valle de la Paz", aunque sinceramente sus datos nos hacen reflexionar en todo lo contrario a la "paz". **Más de 6 millones de tumbas y 6 kilómetros cuadrados de extensión le han dado a este sitio su peculiar título**. Y no es coincidencia que el cementerio más grande del mundo se encuentre en un territorio que ha vivido las últimas décadas en estado de guerra. De hecho, se estima que **más de 40% de los millones de cuerpos que aquí descansan llegaron hace menos de 30 años**. Y para hacer este contexto aún más perturbador, **el cementerio tiene 1,200 años de antigüedad**. Es decir que se han hecho alrededor de 3.6 millones de tumbas en 1,170 años y 2.4 millones en tan solo 30 años. Una clara muestra de la absurda cantidad de muertes que ocasionan los conflictos armados y un evidente "vaya dato perturbador".

¿Te imaginas encontrar a tus seres queridos entre seis millones de tumbas? Los callejones aquí son bastante confusos y caóticos.

Ubicación:
Najaf, Najaf Governorate,
Iraq Wadi Al - Salam

El cementerio es tan grande que muchas personas optan por entrar en su propio auto o contratan un servicio de taxi para que los movilice aquí adentro.

Mi amigo Seif (que habla perfecto árabe) me ayudó a conectar con estos cuidadores locales del cementerio.

Capturamos esta perspectiva del cementerio usando un *drone*.

Muchas de las tumbas son prácticamente inaccesibles.

"Es muy común ver grandes lonas y pancartas de las personas fallecidas a un costado de sus tumbas", nos cuenta nuestro guía mientras caminamos por los callejones. **"¿Puedes ver que algunos sostienen armas y cohetes? Esto es porque han muerto sirviendo a su territorio en combates de guerra"**. Al escuchar esto, miro a mi alrededor y, en efecto, hay una cantidad excesiva de fotografías de personas con pistolas, rifles y ametralladoras. Ahora no puedo dejar de verlo, pues esto es algo que no se aprecia únicamente en cementerios, sino por todos lados. En cualquier calle aleatoria dentro del territorio de Iraq, es muy común encontrarse con fotografías de soldados y víctimas de ataques bélicos. Es desgarrador lo cotidianas que son las muertes por balas y bombas.

Muestran a los fallecidos sonriendo, viviendo momentos felices...

Fíjense en las fotografías que uno se encuentra caminando por el cementerio...

الفاتحة بثواب الشهيد البطل
ان الابرار لفي نعيم
المرحوم الشاب السعيد
الحسين محمد مهد
تاريخ الوفاة
٢٠٢٠/١١/١١

الفاتحة
الشهيد البطل فاضل عباس الوائلي (ابو نبأ)
رحم الله من قرأ سورة الفاتحة على روح الشهيد البطل
فاضل عباس الوائلي
المرحوم جاسم جبار
الفاتحة
الفاتحة

Algunas incluso son recortadas para que den una idea de cómo era la persona en pie y de cuerpo completo.

Y muchas serán así, representando que la muerte fue en combate.

Debo mencionar que este sitio también tiene un fuerte contexto religioso, el cual complementa la justificación a la inmensa cantidad de entierros que, año con año, siguen sucediendo. **Y resulta que en Najaf, la ciudad que aloja al cementerio, también está situada la supuesta tumba del "Imam Alí", santuario que muchos consideran ser el cuarto lugar más importante en la religión del islam, tan solo tres posiciones abajo de la mismísima Meca.** Para entender por qué esta tumba es tan importante, basta con entender que, según el libro del Corán, *Alí* era un familiar de *Muhammad*, profeta de los musulmanes, y según los religiosos de la vertiente "chiita" fue el primer *Imam*. ¿Saben qué? Tal vez este tema para muchos está siendo un poco confuso, así que he preparado un breve diccionario de términos para que puedan entender un poco mejor lo que les intento explicar. Disculpen si muchas de mis definiciones son un tanto burdas, recurren a comparaciones y presuponen que la mayoría de los lectores serán occidentales con poco conocimiento de la cultura islámica; solo intento hacer de esta compleja explicación algo un poco más sencillo.

Muhammad: *Es el profeta del islam. Básicamente lo mismo que Jesucristo representa para los cristianos.*

Alí: *Es el primo e hijastro de Muhammad. También muchos lo consideran el primer Imam.*

Imam: *Son los encargados de llevar la palabra de Dios entre comunidades musulmanas. Algo así como lo que los sacerdotes son para la religión católica.*

Meca: *Es el lugar más sagrado y venerado para los musulmanes.*

Corán: *Es el libro sagrado del islam. Representa lo mismo que la Biblia para los cristianos.*

Chiitas y Sunitas: *Son las dos grandes vertientes en el islam y representan diferentes interpretaciones de los relatos del Corán. Sus ideas suelen ser contrastantes y hasta la fecha esto ocasiona conflictos. Algo así como lo que sucede entre católicos, protestantes, testigos de Jehová, etcétera... Pero del otro lado del mundo.*

Hussein: *Es uno de los nietos de Muhammad, venerado sobre todo por personas chiitas, quienes hasta la fecha creen que deben mortificarse y rendirle respeto por una supuesta traición hacia su persona narrada en el Corán. En un momento entenderán por qué es importante conocer sobre su historia.*

Esta es la mezquita donde está
la supuesta tumba del Imam Alí.

Así se ve por dentro. Decenas de miles de personas vienen a rezar aquí todos los días.

الصمد
الوكيل

Las personas se amontonan para poder tocar al menos por un segundo la tumba. Disculpen la pésima calidad de la foto, tuve que tomarla en una posición muy incómoda, pero logré capturar cómo incluso un bebé es elevado para poder sentirla. Es un sitio con un significado tremendo para millones de personas.

Entendiendo esto, creo que queda mucho más clara la razón de por qué tantas personas desean ser enterradas aquí; quieren estar cerca de Alí en esta proclamada "tierra sagrada". Cabe mencionar que un importante porcentaje de **las personas que vienen al cementerio a enterrar a sus seres queridos no es de Iraq. Vienen de Siria, Irán, Jordania y otros territorios aledaños para brindar un "descanso bendecido"** a sus fallecidos. El hecho de que varios de los países vecinos también lleven décadas viviendo entre conflictos armados podría explicar los importantes números de los que hablamos en un inicio.

Las botellas rosadas que vemos a un costado de esta tumba contienen agua de rosa. Esto es muy popular y vendido por comerciantes, pues se tiene la costumbre de rociar las tumbas con ella. La rosa tiene un fuerte significado en la cultura islámica; puede significar belleza, amor y energía pura.

Fíjense cómo en muchas fotos podemos ver editada la imagen de un hombre barbón. Ese hombre es Hussein, figura altamente venerada por los musulmanes chiitas.

¿Alcanzan a percibir las múltiples banderas negras en el cementerio? Este es otro de los símbolos de la cultura chiita, que representa a una mayoría en esta población.

Los contrastes existen en rincones de todo el planeta, pero considero que este sitio es contrastante de una manera única y todo depende de la perspectiva que uno le quiera dar. Por un lado, este cementerio nos muestra muerte en exceso y las terribles consecuencias que trae consigo la guerra; por el otro, nos enseña la importancia que muchos le atribuyen a su fe, los sacrificios que están dispuestos a hacer por serle fiel a ella y los retos que se deben superar para que una manera de pensamiento prevalezca. Agradezco infinitamente a los cuidadores del cementerio y a la cálida gente de Iraq que me abrió de par en par las puertas a su fascinante cultura.

Él es uno de los cuidadores del cementerio.

Compartí una shisha con este joven a las afueras del cementerio.

Estos dos jóvenes cuidadores nos abrieron caminos y nos ayudaron a comprender la grandeza del cementerio.

Este comerciante me regaló una taza de té, gesto cálido que ocurre muy comúnmente cuando se viaja por Iraq.

Él es mi buen amigo Seif, de Egipto, quien me acompañó en esta aventura. Siempre un gran traductor y compañero de viaje.

EL LAGO SONG-KOL

Y LAS PECULIARES COSTUMBRES DE KIRGUISTÁN

Lo menos asombroso de este sitio será el sitio como tal. De hecho, el majestuoso lago al que planeé dedicarle un capítulo entero para este libro resulta ser bastante "equis" cuando me pongo a pensar en todo lo que viví para llegar hasta él. Es la aventura y el trayecto lo que es verdaderamente asombroso en esta travesía. Les doy contexto...

Primero que nada, démonos cuenta de dónde estamos: Kirguistán, un país en Asia Central que toma por sorpresa a cualquiera que no haya visitado ese lado del planeta. Sus territorios solían ser parte de la Unión Soviética, por lo que escriben en cirílico y la mayoría de las personas hablan ruso, aunque su idioma principal es el kirguís. **Se trata de un país que vive meses de intenso frío y celebra tradiciones de lo más arraigadas, desde preparar carne de caballo en ocasiones especiales hasta tener como deportes nacionales el "Kok-Boru"** (juego al que le he dedicado un capítulo entero por lo flipante que es) **y la cacería con águila o halcón.**

Ubicación:
Bishkek e Issyk-Kul,
Kirguistán

Cazador profesional posa junto a su intimidante águila domesticada.

Las personas comúnmente usan "kalpak", su sombrero nacional que los protege del frío, y orgullosamente visten con trajes tradicionales e incluso piel de lobo (no es exageración; es común encontrar abrigos hechos con lobo a la venta en mercados).

Un par de jóvenes profesionales preparan a sus perros para una tarde de intensa cacería en la naturaleza.

Un hombre local y yo luciendo excelentemente nuestros kalpak. Se cree que este sombrero tiene el diseño perfecto para que uno no pase frío durante los intensos inviernos.

Ah, y cómo olvidarlo... en este país aparentemente muchas personas no saben utilizar los inodoros occidentales. Más común de lo que uno esperaría, se ven letreros de personas ametrallando con excremento las paredes, intentando educar a la población sobre el apropiado uso de los baños. Supongo que es normal, pues tradicionalmente los baños que se utilizan son los típicos hoyos en el suelo que se suelen ver en muchos países.

Letrero cotidiano en instalaciones de baño de gasolineras y paradas de carretera. No hace falta traducir lo que el texto dice; el dibujo hace la tarea.

Un hombre vigila a su ganado en compañía de su nieta, quien algún día heredará el negocio familiar.

Si bien existen ciudades grandes y medianas en Kirguistán, **considero que la verdadera belleza de este territorio radica en sus pequeñas aldeas**. Explorarlas es un constante estado de asombro que despierta en uno las ganas de desvelarse y volver a madrugar para no perderse del más mínimo detalle.

Se dice que el negocio de la miel es bueno por aquí.

Mujer vende tabaco, bebidas azucaradas y licuados artesanales a los comerciantes; el verdadero desayuno de campeones.

Una mañana quise ir a visitar un bazar local de animales. En pleno frío, rodeados de nieve, cientos de comerciantes locales madrugan con la finalidad de negociar con animales. Los exhiben mientras recitan frases ocurrentes que expresan sus promociones, intentando sacar la máxima ganancia por su ganado. **El pelaje de los animales suele ser grueso, pues han evolucionado para aguantar muy bajas temperaturas durante una gran parte del año.**

Dentro del supuesto caos, los comerciantes ponen su propio orden improvisando corrales y rejas para su ganado.

Algunos llegan con un solo animal.
Otros llegan con decenas.

Un joven pone a prueba la fuerza
de un caballo que desea comprar.

Otra mañana un señor me recibió en su hogar porque quería mostrarme los arreglos que estaban haciendo en casa para una celebración familiar; si bien recuerdo, era una boda. Las calles estaban cubiertas de nieve y los escenarios se sentían tan auténticamente exsoviéticos. Los carros, los letreros, el modo de vida.

El anciano tiene apariencia de malhumorado.

Pero realmente es muy agradable.

Nunca había visto gallinas aguantando tanto frío.

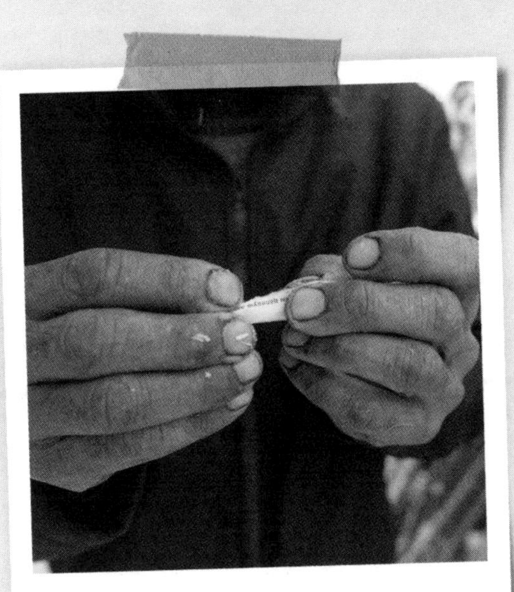

Este hombre me preparó un cigarrillo para el frío. Les ponen cal y hoja de tabaco.

Al tratarse de un día especial, acababan de sacrificar a un caballo y estaban cortándolo en partes para cocinarlo por la tarde. En estas aldeas no dudan en aprovechar a sus caballos al máximo, lo que se muestra por lo mucho que les gusta beber la leche de las yeguas (ya la probé y no la recomiendo) y cocinar su carne para darse un buen festín. También colocaron una mesa llena de postres y bocadillos. Una celebración en forma.

Este hombre separaba la carne del caballo y la sazonaba.

Todo se me sigue antojando de esta mesa de manjares.

Estaban bien felices mostrándome todo.

Ella es la chica que se casó ese día.

La gente también suele fascinarse al presumir su tipo de viviendas típicas: los "yurts". Les gustan tanto que la forma de una de estas casitas es parte de su bandera nacional. Y no es por quitarle mérito a su bella forma que, por cierto, es muy eficiente, pero esto realmente se debe a que le han dado un enternecedor significado a la estructura de los hogares: **"Todos los pilares son importantes para que el yurt esté en pie"**. Les brinda orgullo hablar de eso.

Esta agradable señora me enseñó a construir un yurt miniatura.

Fíjense bien en la apariencia del techo de un yurt.

Está en su bandera
nacional.

Los viajes en carretera por este país son la pesadilla de toda persona que se duerme fácilmente en el auto, porque hay demasiado que ver. En cada pueblito te sorprenderán con alguna costumbre distinta y las vistas serán enriquecedoras. Es difícil aburrirse con tanto sucediendo alrededor.

Los cementerios en plena época de nieve me parecen fascinantes.

Y se ven demasiados por las carreteras.

Estos carritos son sumamente populares; están por doquier.

Y ahora sí, vayamos a lo que es el supuesto núcleo de este capítulo: el lago. Para llegar hasta él uno debe primero subir una montaña, lo cual ya es una aventura por sí sola. Justo el día en que fuimos estaba nevando abundantemente, lo que causó que la camioneta en la que viajábamos se quedara atorada en pleno trayecto. ¡Y no había nada de señal! Una situación poco deseable, no les mentiré. Pero, por suerte, el chofer tenía un par de palas en la cajuela y entre los tres tripulantes logramos sacar la situación adelante.

No imaginaba la cantidad de búfalos que veríamos conduciendo por la montaña. De distintos tamaños y colores, algunos son salvajes y otros son de granja. Los locales los crían para venderlos a un buen precio; **se dice que los búfalos de esta montaña son los más resistentes del país.**

Cuando llegamos al sitio donde acamparíamos, éramos los únicos en kilómetros a la redonda. La idea de saber esto es la definición del **"me gusta, pero me asusta"**. Claro, me gusta sentirme libre y poder apreciar tanta naturaleza con calma y silencio... **Pero, por favor, que no pase ningún accidente porque aquí me congelo antes de que alguien pueda llegar a mí.**

El sitio donde dormimos es un campamento de yurts (las casitas tradicionales que les decía).

Este señor es el cuidador del sitio.

Teníamos un columpio justo
enfrente del lago.

Este perrito fue nuestro cuidador por la noche.

Beka, mi guía local, me muestra sus impresionantes habilidades al montar un caballo.

Ni en drogas me metería a nadar en estas aguas con este perro frío.

Así se veía el yurt por dentro. El señor nos preparó un sabroso pan con vegetales para cenar.

Quemando esta cubeta casi vacía de carbón nos mantendríamos con calor por la noche. Puedo decirles que aun así fue una noche muy fría.

Por suerte había agua fresca para calentar.

Y papel de baño suficiente para todos.

¿Ahora entienden por qué les decía que lo menos asombroso sería el enorme cuerpo de agua? Esta aventura sin duda ha sido un recordatorio de que, en ciertas preciadas ocasiones, el trayecto puede superar al destino.

KOK-BORU

UN POLÉMICO DEPORTE DE ASIA CENTRAL

ADVERTENCIA: Este capítulo contiene imágenes y descripciones que podrían ser consideradas "fuertes" para algunos lectores.

Si bien en este capítulo no hablaremos de un lugar, abordaremos una tradición que varios países consideran parte de su cultura nacional. **Se trata del polémico "juego del caballo y la cabra" de Asia central; una costumbre que me parece tan fascinante y "asombrosa", según muchas interpretaciones de este adjetivo, que le tuve que dedicar un capítulo entero.** Advierto que trataré temáticas que para muchos podrían ser sensibles, por lo que aconsejo saltarte al siguiente capítulo si sientes que te empieza a arder la sangre de enojo e impotencia; tan solo considera que esta actividad es practicada por millones hasta la fecha.

**Ubicación:
Karakol, Kirguistán**

Es necesaria mucha fuerza física y habilidad para jugar Kok-Boru.

El que más veces meta la cabra al hoyo, gana.

"Kok-Boru", "Kokpar", "Ulak Tartysh" o "Buzkashi" (su nombre varía de acuerdo al lugar) es el deporte nacional de varios territorios de la región de Asia Central y es jugado en prácticamente todos los países que terminan en "stan": Kirguistán, Uzbekistán, Tayikistán, Kazajistán, Turkmenistán, Afganistán y algunas partes de Pakistán. **Su nombre en persa "buzkashi" viene de las palabras "buz" (cabra) y "kashi" (arrastrar), y consiste básicamente en eso: en arrastrar a una cabra a lo largo y ancho de un campo para finalmente anotar goles en una portería con su cuerpo.**

Este joven aprendiz está ansioso por comenzar a jugar.

Es muy común encontrarse con grupos de hombres practicando Kokpar en pequeñas aldeas.

Las "porterías" suelen hacerse con cauchos, para que sean resistentes.

Este deporte involucra mucho contacto físico, por lo que puede ser peligroso.

Las reglas, a grandes rasgos, son simples. Juegan dos equipos de 8 a 12 integrantes, cada uno montando su propio caballo, durante tres tiempos de 20 minutos cada uno, dando a la audiencia una hora efectiva de espectáculo. Antes de comenzar el juego, los atletas se reúnen para sacrificar a la cabra. Una persona será designada para degollar al animal y desprender su cabeza del resto del cuerpo. En la mayoría de los casos, también se cortarán las patas y se cubrirán con tierra las extremidades para evitar derramamiento excesivo de sangre, teniendo como resultado un cuerpo de cabra con forma similar a la de un costal. Ese "costal" será, por así decirlo, la "pelota" con la que los jugadores anotarán a lo largo del partido. **El nombre oficial de la cabra es "ulak", que se refiere, citando las palabras de jugadores a quienes entrevisté, "a la funda o carcasa; el cuerpo del animal sin vida".** Cada equipo debe anotar en la "portería" de sus oponentes metiendo la cabra en un hoyo, y cada que alguien suma un punto, una nueva partida comienza desde el centro de la cancha, poniendo a la cabra en el suelo a la espera de ser levantada por el jugador más ágil. Finalmente, ganará el equipo que más veces logre meter la cabra en el hoyo. Ah, y una regla no oficial: al culminar el juego, los atletas se reunirán para comer la carne de la cabra que se utilizó a lo largo del partido. Se dice que esta es una cortesía importante, pues el animal no muere en vano, los participantes ponen un fin a su rivalidad al compartir alimentos y, supuestamente, la carne de la cabra queda muy blandita y sabrosa al haber sido aventada y pisoteada por hombres y caballos durante más de una hora.

Temprano por la mañana, los jóvenes transportan a la cabra que usarán para jugar.

Tras una breve ceremonia, la cabeza de la cabra es desprendida del resto de su cuerpo.

Así queda el cuerpo de la cabra después de haberle desprendido la cabeza y las patas.

Los jugadores sostienen la cabeza y me piden que les tome fotos con ella.

Este es uno de los estadios más grandes de Kok-Boru en el territorio de Kirguistán.

Algo que llamó mi atención (bueno, aún más) es que este deporte ha sido declarado como "Patrimonio Cultural Inmaterial de la Humanidad" por la UNESCO, lo que significa que esta tradición seguirá viva durante un laaargo tiempo. Y esto no es para sorprenderse; como les comentaba en un inicio, son varios países los que consideran a este su deporte nacional. De hecho, cada determinado tiempo se celebran torneos internacionales en los que llegan a participar incluso equipos de naciones fuera de la región, siendo el ejemplo más peculiar Estados Unidos. Pueden buscar videos en YouTube sobre esto; les prometo que, si esto ha llamado su atención, no serán decepcionados.

Miles de personas llenan estas gradas durante juegos importantes.

Y en verdad que el Kokpar es un aspecto cultural muy arraigado para la mayoría de los territorios de Asia Central. Muy cotidianamente, cuando se viaja por países como Uzbekistán o Kirguistán, uno se topará con grupos de jóvenes jugando en terrenos, parques o a un costado de las carreteras; eso sí, usando un costal de tierra en lugar de una cabra. **Las cabras solo se sacrifican en juegos oficiales o de especial importancia para las comunidades.** Bueno, aquí les dejo algunas de las fotos que tomé mientras veía un juego en una aldea.

La historia de sus orígenes varía, pero la versión que tiene más fundamento es aquella del Kok-Boru de Kirguistán, cuyas palabras vienen del idioma kirguís y significan "lobo azul". Se cuenta que, hace muuucho tiempo, hombres debían ahuyentar a los lobos que se acercaban a sus comunidades amenazando con comerse a su ganado o a sus bebés. Se juntaban en caballos y perseguían a los lobos azulados por los bosques; aquel que lo atrapara era considerado un héroe para su aldea y tenía el derecho de fabricarse un abrigo usando la piel del animal. Eventualmente, perseguir lobos se convirtió en una actividad de entrenamiento para las batallas, y con el tiempo se convirtió en una especie de "juego" que hombres practicaban para demostrar sus habilidades al montar un caballo. Fue así como se convirtió en un deporte, y ahora se usa el cuerpo de una cabra en lugar de un lobo, por la escasez de estos y la dificultad para criarlos. Recalco que hay diferentes versiones de sus orígenes y que esta es la que cuentan en Kirguistán, quienes dicen haber inventado el deporte.

Al final del juego, así se ve el cuerpo de la cabra. Esa será la carne que compartirán los dos equipos para simbolizar el fin de su rivalidad.

Gracias a estos muchachos por invitarme a fotografiar su "reta de Kok-Boru" del domingo por la mañana.

Criticado y alabado, odiado y amado, el Kok-Boru es una muestra más de lo diversas, polarizantes y contrastantes que pueden ser las tradiciones alrededor del mundo. **Aventuras como esta me hacen ver que nuestro planeta entero es, en efecto, UN LUGAR ASOMBROSO.**

GALTA-JI

EL "MILAGROSO" TEMPLO DE HANUMAN, EL DIOS MONO

Este sitio no es un zoológico. Tampoco es un refugio o un centro de rescate de animales. Y mucho menos es la selva tropical natural. Pero aquí vas a poder ver más monos que en cualquiera de estos sitios, viviendo en completa libertad, bien alimentados y sin miedo absoluto a los humanos. Esta peculiar locación se encuentra muy cerca de la ciudad de Jaipur, en India, es de hecho un templo religioso del hinduismo y resulta ser un tremendo paraíso para los amantes de los animales que además estén buscando una experiencia con toques de espiritualidad. Al menos para la fecha en que fui a fotografiarlo, este sitio no ha sido invadido por hordas de turistas que solo van por su *selfie* con un chango; para mi sorpresa, me encontré con decenas de personas rezando y bañándose en aguas que consideran sagradas (les explico sobre esto más adelante). En verdad, no esperaba enamorarme tanto de este sitio; es una verdadera joya.

Un mono inspecciona el culito de otro sobre un muro del templo.

Una familia de macacos descansa sobre una columna.

Chicos y grandes, los simios están por todos lados.

Decenas de personas devotas a Hanuman, 'el dios mono', acuden diariamente a rezar y a dejar ofrendas.

Básicamente se trata de un templo hinduista por el que libremente caminan más de 4,000 macacos. No existe el dato oficial, pero diría que es un estimado bastante creíble, porque sí, son **DEMASIADOS** monos. Los simios están acostumbrados a que la gente les lleve comida, por lo que suelen acercarse a sus visitantes e incluso treparse sobre ellos. Eso está muy lindo, pero lo que lo convierte en un sitio tan peculiar es que se trata de un templo en el cual **la gente le reza a Hanuman, que es el dios mono del hinduismo.**

Los monos suelen ser cariñosos, pero cuidado, que también pueden ser ladrones.

No me considero una persona que cree en milagros. Yo suelo creer en coincidencias, por muy convenientes o pesimistas que puedan llegar a ser. El pensamiento de que el futuro está escrito, y de que hay cosas que están destinadas a suceder, me pasa por alto para buscar razones más lógicas y, generalmente, más sencillas. Es por eso que cuando escuché sobre un templo cuya deidad es un hombre mitad mono que llena de fe y esperanza a cientos de miles por la presencia diaria de infinidad de simios que la gente interpreta como su poderosa reencarnación que intenta comunicarles un mensaje tuve que ir a presenciarlo en vivo y en directo, lleno de intriga, con el dedo listo en el gatillo de mi cámara. Para mi sorpresa, **llegué a encontrarme con una locación que incluso definiría como mágica, donde humanos vierten su paz y encomiendan sus esperanzas**; un sitio en el que no sabía si quedarme parado a observar e inhalar el aire puro, o caminar hasta cansarme explorando el territorio; territorio al que, por cierto, hay que dedicarle unas cuantas horas, pues es bastante extenso.

Algunos monitos no miden su fuerza. Por si se lo preguntan, sí, ese jalón de cabello fue algo doloroso.

La arquitectura en el Templo Galtaji es extensa y apantalladora.

Creyentes del dios mono se bañan en agua que consideran sagrada.

Ahora bien, la razón real de por qué hay tantos monitos caminando entre estos muros no es que estén reencarnando o rindiendo respeto al dios mono. Es de hecho mucho más sencilla y predecible: resulta que la población en la ciudad de Jaipur, así como muchas otras en el mundo, está aumentando al punto de que edificios, comercios y hogares están acabando con sus espacios verdes. Esto está desplazando a los monos y los está enviando de vuelta a las montañas. Al estar el templo tan cerca de una de las regiones montañosas, los changos optan por buscar comida, refugio y compañía humana en sus instalaciones, y así lo han hecho por varias décadas. Resulta incluso peculiar pensar que el fenómeno de la visita simiesca es relativamente reciente, al menos considerando que el templo tiene más de 1,200 años en pie y los monos empezaron a llegar a principios de este siglo. Entonces, **¿realmente podemos atribuirle un motivo religioso y espiritual a la presencia de los ahora 4 mil habitantes primates?** Posiblemente no. Pero la creencia sigue siendo preciosa y la energía que los creyentes le brindan a este sitio es latente, por lo que nada más debería importar.

Mono paciente espera a que creyentes compartan con él sus alimentos.

Este mono está pintado de color verde porque visité el templo durante "Holi", el festival colorido de la India. Seguramente algunos jóvenes traviesos lo llenaron de pintura.

Y sé lo que muchos están pensando: ¿un dios mono? ¿Qué clase de cuento de ciencia ficción es ése? Pues déjame decirte que todas las creencias religiosas, ante oídos de otros, parecerán igual o más fantasiosas. Tan solo analiza a tu alrededor y date cuenta de que hay personas que pensarán exactamente lo mismo de un hombre que nació de una mujer que fue embarazada por un ángel para desarrollar la capacidad de morir y revivir en tan solo tres días. Personalmente, hallo fascinante aprender sobre las creencias que tienen los humanos alrededor del mundo. Enterarme de las diferentes convicciones, cerca y lejos de mí, es algo que me apasiona; sean religiosas o no, muchas suelen estar llenas de fantasía y misterio, y llegan a ser más intrigantes que las novelas más vendidas de todos los tiempos. De hecho, considero que esas son las mejores historias que ha escrito el ser humano; aquellas que hacen dudar a sus lectores y los hacen cambiar su manera de vivir por la posibilidad de que pudiesen ser ciertas, generación tras generación, fundando tradiciones por la interpretación que han tenido. Es por eso que considero que pocas creencias deberían sorprendernos y mucho menos deberíamos sentirnos con el derecho de juzgarlas. **Porque créeme, aquello en lo que tú crees, siempre, le va a parecer desquiciado a alguien más. Y eso es un hecho.**

Algunos jóvenes aprendices de monje viven en las instalaciones del templo.

Aunque los macacos son mayoría, no son el único tipo de mono que frecuenta el templo. Estos pequeños posiblemente pertenezcan a la familia de los langures grises.

Un mono de cola larga reposa ante la estatua de Hanuman.

Los monos dejan colgando la ropa que previamente han robado, como diciendo a la gente "vengan por ella, ya nosotros terminamos de usarla".

Mujer se remoja y recolecta agua de la fuente de Galtaji, pues la considera sagrada.

¿Recuerdan que les contaba que muchas personas consideran estas aguas sagradas? Pues, así como tal, personas de todo el país viajan hasta este sitio para poder nadar en sus fuentes que se alimentan directo de los montes; algunos incluso suelen llevarse jarras de esta agua a sus casas para poder cocinar con ella o para bañar a sus seres queridos. Creen que esto traerá buenas cosas a sus vidas. Aunque, si me piden un consejo, les diría que cuiden muy bien su ropa al meterse a nadar, pues es bien sabido que los monos suelen robar las prendas de sus visitantes para después colgarlas de las rejas de púas. Una situación que considero hilarante.

Las personas suben largas distancias para llegar a la fuente principal.

Me siento afortunado por haber sido testigo de cómo la fe de una sociedad entera le puede atribuir un valor tan alto a una maravilla, sin necesidad de inversión millonaria o difusión turística. **No exagero cuando digo que preferiría regresar a este templo que a cualquiera de las llamadas "maravillas del mundo moderno".** Tal vez por la calma que me ha hecho respirar o porque aún permanece siendo una joya desconocida para el mundo occidental. Este templo es una muestra de lo que el poder mental del humano, más allá de lo monetario o estructural, es capaz de crear.

EL COLORIDO FESTIVAL

DE “HOLI” EN LA INDIA

Es posible que al ver estas fotos tu mente te sugiera: "Ah, es un festival de colores como el que celebran en mi ciudad". "Claro, este tipo de festivales coloridos suceden en todo el mundo". Y por mucho que te aprecie, querido(a) lector(a), temo decirte que, de pensar esto, estás en lo incorrecto. **"Holi" es un festival de colores, sí, pero no tiene comparación con ningún otro. Estamos hablando de una festividad que se celebra desde hace cientos de años, con un inmenso contexto cultural y religioso, y que le significa una festividad nacional al actual país más grande del mundo.** Cualquier otro festival de colores en cualquier otra parte del mundo será una adaptación de este, con una carga cultural muchísimo menos pesada y celebrado posiblemente solo por diversión.

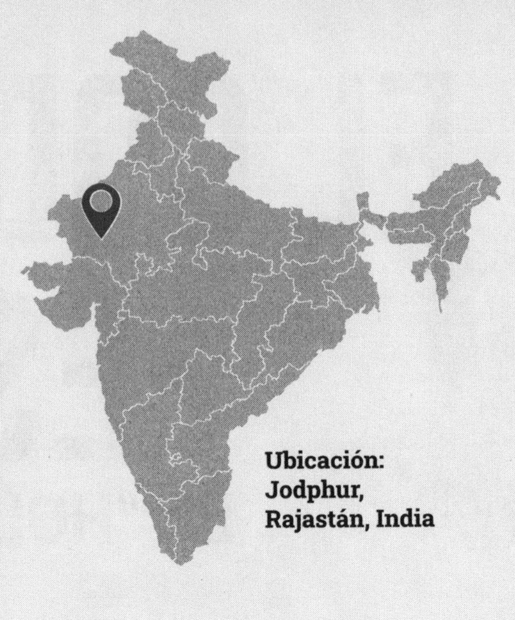

Ubicación: Jodphur, Rajastán, India

ALKA RESTAURANT
LAKE VIEW

Imagínate salir un día de tu casa y ver a todos tus vecinos manchados de colores. Las calles tienen rastros de pintura, las redes sociales de tus amigos están repletas de fotos coloridas y todo mundo, a donde sea que camines, te gritará "¡Happy Holi!" mientras te bañan con polvos de colores. Incluso días después de la celebración, tus colegas o compañeros del colegio asistirán a sus actividades cotidianas aún con rastros de pintura, y las calles necesitarán de fuertes lluvias para terminar de limpiarse por completo. Así es la realidad de 1,400 millones de personas que hoy en día habitan el subcontinente de India. **A donde sea que voltees, durante varios días, habrá color y celebración. Incluso tiendas y restaurantes ofrecerán descuentos y promociones.** Es el equivalente a la época navideña, si habitas en un país mayoritariamente cristiano, o a la temporada de Ramadán, si habitas en un territorio musulmán.

Las oficinas y sitios de trabajo serán atendidos por personas coloridas durante días.

Este amigo evidentemente estuvo celebrando un largo tiempo.

Mientras el color no le caiga a mi comida, todo en orden, jefe.

Originalmente, Holi se celebraba únicamente en el norte del país, pero con el paso del tiempo la tradición se ha expandido hacia prácticamente todo el territorio de India. "¿Y por qué se celebra?", posiblemente te estarás cuestionando, por lo que a continuación intentaré resumirte el supuesto origen de esta festividad que halla sus inicios en la ideología del hinduismo, religión predominante en India.

Cuenta la leyenda que hace mucho, pero mucho tiempo, había un demonio muy poderoso llamado Hiranyakashipu que se estaba apoderando de la devoción y las creencias de la noble población de India, dejando de lado a Vishnu, que es prácticamente uno de los máximos representantes del "bien" en el hinduismo. Un día, el hijo del demonio, llamado Prahlad, decidió darle la espalda a su propio padre para mejor serle devoto a Vishnu, por lo que Hiranyakashipu ideó un plan junto con su malvada hermana Holika para matarlo y quitarlo de su camino. Lo que sucedería sería que Holika engañaría a Prahlad para que juntos probaran su habilidad para no quemarse con el fuego, habilidad que supuestamente el demonio Hiranyakashipu les otorgaría; la trampa estaba en que Holika usaría una manta resistente al fuego que el mismo villano le obsequiaría. El día llegó y, como por obra del destino, un fuerte viento voló la manta mágica que envolvía a Holika, haciendo que esta se quemara. Prahlad, por su parte, pudo aguantar el fuerte calor, pues se cree que su enorme devoción hacia Vishnu, misma que desató el fuerte viento, lo protegió, simbolizando así la derrota del bien sobre el mal.

Después de esto (y por si la historia no fuese ya lo suficiente fantasiosa) llegó Narasimha, que es básicamente una reencarnación de Vishnu pero con cabeza de león y cuerpo de humano, y mató con sus propias manos a Hiranyakashipu, liberando así a la población de las malas influencias del malvado demonio. Cuando las personas se enteraron de la victoria de los buenos, salieron a celebrar a las calles, riendo y aventando pétalos de flores de múltiples colores, pues la primavera recién comenzaba.

Esto explica el origen de la lluvia de colores y su importancia para los seguidores del hinduismo.

Es muy usual ver este escenario durante los días cercanos a Holi: gente prendiendo fuego en las calles.

Las personas recrean la leyenda de Holika y le dan su propio significado personal.

Conociendo esta leyenda, podemos entonces decir que Holi es una celebración que representa la llegada de la primavera, el inicio de un nuevo ciclo y, sobre todo, la victoria del bien sobre el mal. Una creencia originalmente religiosa que ha atravesado fronteras físicas y culturales, y que le significa tradición y felicidad a un gran porcentaje de la población mundial. De ahí también podemos deducir que "Holi" viene de "Holika" y nos explicamos por qué desde días antes se pueden observar a personas haciendo grandes fogatas en la calle. Comerciantes venden cocos secos, madera y caca de vaca a familias y colonias buscando prenderle fuego a sus males y fracasos para buscar un nuevo inicio, una nueva oportunidad. Esto es lo que hace de Holi una tradición tan valiosa en la que millones ponen su fe, su devoción e incluso su motivación. Por esto es que, durante días, un país entero se llena de color y alegría. Lo repito, es una festividad que realmente no tiene comparación.

Algunas fogatas son muy llamativas y se adornan con flores coloridas.

"Yo celebro porque quiero que este año me vaya mejor", me platica un hombre en la calle. "Yo lo hago nada más por la diversión", me cuenta otra persona. Cada quien le otorga un significado especial a estos días y los vive de acuerdo a sus creencias. Algunos celebrarán mientras beben alcohol y bailan al ritmo de fuerte música electrónica; otros festejarán en reducidas reuniones con sus familiares y seres cercanos. Estés en una pequeña aldea, o en una masiva ciudad, rodeado de jóvenes o viejos, la emoción se experimentará por igual, y será un pequeño porcentaje de la población el que decidirá no salir de casa para no ser manchado.

HOTEL
Rohit
GANESHA
Domestic & internationl Courier Service
TATTOO

KING'S GOOD MUSIC ZON
CDs-CASSETTES-BOOKS
VISA

Juice Shakes, Lass
Muesli, Vegan,
Icecream, Fruit, Pizzas
Raju
Terrace Garden
Restaurant
Raju
Terrace Garden
Restaurant
LAKE VIEW

VEG NOODLES
CHILLI PANEER
VEG MOMOS
VEG SPRING ROLL
SPECIAL

Coca-Cola
-70
VEG.,DAL,RICE
CHAPATI
THALI-100
Pihu
Fashion
Suit, Kurti
Palazzo Suit
Wear
s. Top
DAL FRY
ALOO PYAZ
SHAHI PANNER

Viajé hasta India esperando ver otro clásico festival de colores, y llegué a encontrarme con una festividad única y con un inmenso peso cultural. **Sin duda una experiencia que ha abierto por igual mis ojos, mi mente y mi corazón.**

EL PARÍS “HECHO EN CHINA”

UN HERMOSO ¿FRACASO?

Imagínate que estás en París, la ciudad del amor. La arquitectura que te rodea es inconfundible y te invita a tomar cientos de fotos a casas y edificios. Ante tus ojos está la icónica Torre Eiffel, tal y como la has visto en decenas de películas, enorme e imponente. Tomas una agradable caminata por la avenida Campos Elíseos, llena de vida y comercio. De repente, sientes unas ganas incontrolables por devorar un croissant o unas crepas francesas en el territorio que les dio vida y buscas una auténtica "*boulangerie*" (panadería francesa) para saciar tu antojo... No hay ninguna a la vista. Solo hay puestos de comida china. Todos los letreros que te rodean están escritos con sinogramas y los vendedores ambulantes hablan mandarín. **Te toma un momento procesarlo, pero nunca estuviste en París, Francia. Estás en París, China; una réplica entera de la famosa "Ciudad de la Luz".**

Ubicación:
Yuhang, China

创
新
稳
浙江万霖建设有限公司
ZHEJIANG WANLIN CONSTRUCTION CO. LTD

Residentes de Tianducheng montan un letrero en su nuevo local comercial.

El nombre oficial de este peculiar sitio es *Tianducheng*, que significa, según mi traductor local, "Ciudad del Cielo" y está ubicado en la provincia de Zhejiang, muy cerca de la enorme ciudad de Hangzhou. De hecho, **fue planeando como un suburbio para que se mudaran residentes de Hangzhou en busca de un lugar tranquilo, apartado de la ruidosa urbe de más de 10 millones de habitantes.**

Había leído en diversos artículos de internet que el "París chino" hoy en día es un pueblo fantasma, con una población prácticamente nula y cientos de locales comerciales vacíos. No obstante, tras haberlo visitado, puedo afirmar que difiero por completo. Evidentemente no fue el millonario proyecto exitoso que sus desarrolladores posiblemente esperaban, pero **se ha convertido en el hogar de cerca de 10,000 personas que todos los días salen al parque a jugar con sus hijos y mascotas, abren nuevos negocios e intentan mantener sus calles limpias y ordenadas.** Y es que inicialmente, por ahí del año 2009, fue un barrio que pretendía vender propiedades con precios inflados a personas adineradas y de gustos costosos; conforme los años pasaron, se sumó la falta de interés por parte de compradores a la falta de capital para invertir más por parte de los desarrolladores, lo que dio como resultado un barrio popular en el que converge la arquitectura europea con las arraigadas tradiciones y modos de vida de una comunidad de clase media-emergente de China. Esto es lo que convierte a Tianducheng, a mi parecer, en un *lugar asombroso.*

Los locales aprovechan el buen clima y tienden su ropa en los balcones.

Cada tarde la gente sale y los parques se llenan de vida.

Las personas son amables e intentan hacer conversación conmigo a pesar de la barrera del idioma. Pareciera que no han visto a un turista en años y posiblemente esto sea literal, pues a la fecha de mi visita el territorio de China acababa de reabrir sus fronteras tras años de encierro por la situación pandémica en nuestro planeta. Caminar por estas calles me resulta intrigante y peculiarmente acogedor. La falta de recursos para dar mantenimiento a las fuentes y estatuas es evidente; no obstante, los residentes ponen de su parte y mantienen sus áreas públicas libres de basura y vandalismo.

Decenas de letreros chinos con una Torre Eiffel de fondo; un interesante escenario.

La mayoría de las fuentes están vacías o no funcionan.

Debe ser agradable para los locales poder circular diariamente por estos lindos monumentos.

Curiosamente, la parte más decadente en este suburbio es la que debería estar mejor cuidada, la Torre Eiffel. Los jardines que la rodean tienen una apariencia de no haber sido podados en largos meses y se ha convertido en una zona de hogares improvisados para trabajadores "temporales". Al preguntar sobre la razón de esto, un policía en turno me explica (por medio de mi traductor local) que está en los planes de la civilización restaurar la zona para atraer a turistas, pero que desde el inicio de la pandemia del covid-19 el proyecto se detuvo y no ha sido reinstaurado, lo que ha dado como resultado un conjunto de viviendas de lámina y madera, con vegetación fuera de control e incluso criaderos de cerdos y gallinas en los patios traseros de los trabajadores en reposo. Me comentan que aún no hay fecha para retomar las actividades, por falta de dinero e interés por parte de sus desarrolladores.

Aquí podemos apreciar lo largo que está el césped.
¡En algunas partes ya es casi de mi tamaño!

Estas son algunas de las casas temporales para los trabajadores del proyecto en reposo (aclaración: tomé la foto en mayo de 2023. Ignoro cuál sea la situación en cuanto leas esto).

La Torre Eiffel está rodeada de rejas y bardas que impiden el acceso a visitantes.

Algunas de estas viviendas ya cuentan con criaderos de animales de granja.

Locales y viviendas vacías; una imagen común en este proyecto.

Y la realidad de una gran área de Tianducheng no puede ser escondida. Cerca de una tercera parte de las viviendas y locales comerciales está vacía con letreros de "se renta" o "se vende". Miles de personas han desistido de la promesa de crecimiento inmobiliario que años atrás decidieron creer, mientras miles más se mantienen firmes y esperan que, algún día, sus inversiones rindan frutos.

POLICE

El París chino es una muestra de cómo un barrio popular se puede comer a un "exclusivo" proyecto inmobiliario. Pero, sobre todo, es un ejemplo de cómo los habitantes pueden hacerse responsables, exitosamente, de sus propias calles para cuidar la ciudad en la que han decidido invertir. Solo el tiempo decidirá qué será de la llamada "Ciudad del Cielo" junto con sus ostentosas estatuas y monumentos. Por ahora, hallamos una valiosa reflexión de "esperanza" inmiscuida en lo que muchos interpretan como "fracaso".

¿A poco no creerías que estamos en el mismísimo París?

常来 美发
一代新养生
除皱 美白 排毒 瘦身 经络疏通 走罐 推背
最新安全除皱 效果立竿见影
72
中医养生
快乐筝途·有筝无争

TORAJA

EL PARAÍSO DE LOS RITUALES

ADVERTENCIA: Este capítulo contiene imágenes y descripciones que podrían ser consideradas "fuertes" para algunos lectores.

Nunca había estado en un lugar donde la muerte tuviese tantos rituales y valor cultural. **Así se las pongo: los funerales aquí son más alegres que las bodas y la gente llega a gastar más en un entierro que en sus propios hogares.** Las creencias aquí llevan el concepto del "cielo" y la "segunda vida" a otro nivel, resultado de prácticas ancestrales que, historiadores afirman, podrían tener miles de años de antigüedad. Esto lleva a las personas a darle un significado sagrado al fallecimiento de sus seres queridos, al punto en que pareciera que todo lo que hacen es por el bien de sus muertos. Las personas ahorran durante años para poder cubrir los gastos interminables de sus difuntos; deudas que podrían perseguirlos durante largas generaciones.

Ubicación:
Toraja, Indonesia

Esta chica porta la vestimenta tradicional de Toraja. Ella vende alcohol hecho a base de bambú y lo transporta colgándolo de su cabeza.

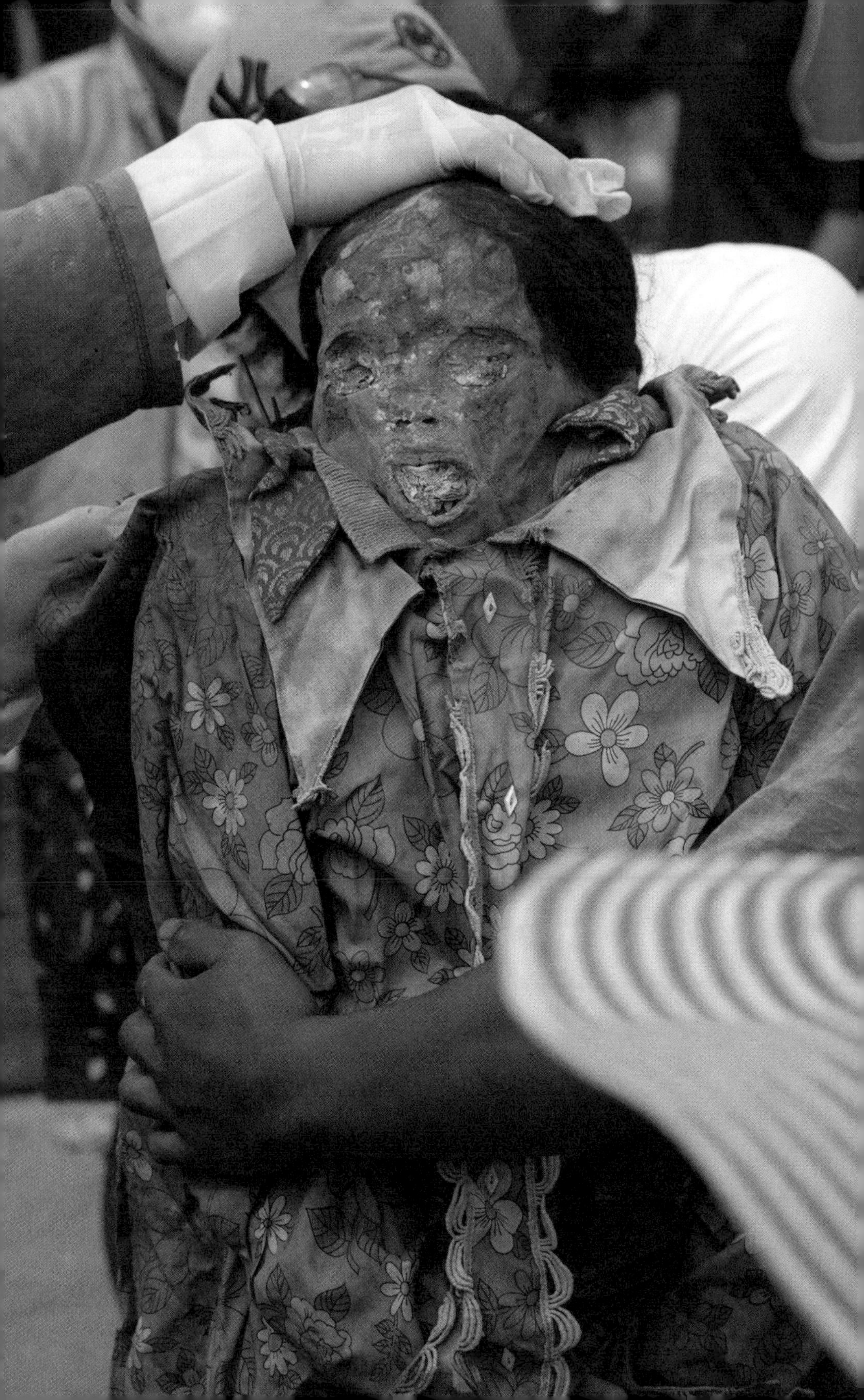

Comenzaré contándoles sobre la tradición que más logró impactarme: los legendarios rituales de "Ma'Nene". Ma'Nene se traduce literalmente del idioma toraja como "cambio de ropa" y es precisamente lo que se hace. **Los practicantes momifican a sus difuntos, porque creen que realmente siguen aquí, en vida y en esencia, comunicándose desde el siguiente plano. Las tumbas suelen tener formas de hogares, se les llaman "segunda casa", o "casa sin humo"** (pues no tienen cocina), y se construyen con dimensiones cómodas y puertas de fácil acceso. Una vez cada determinado tiempo, la gente desenterrará a sus muertos con la finalidad de cambiarles de atuendo, pues creen que deben verse bien en el "más allá".

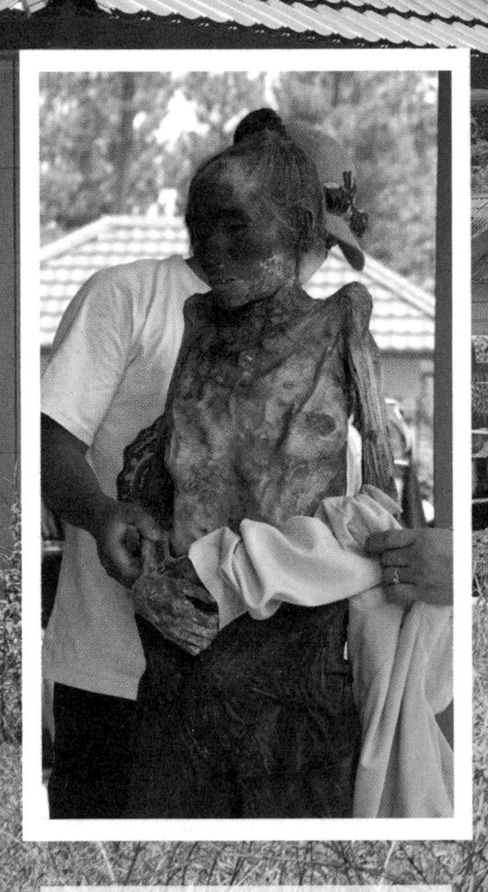

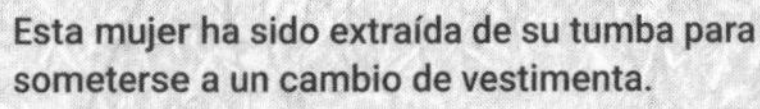

Esta mujer ha sido extraída de su tumba para someterse a un cambio de vestimenta.

Este tipo de tumbas son conocidas como "casas sin humo", pues no cuentan con cocina ni área para fogata. Más que tumbas, la gente las considera un "segundo hogar" al que uno se muda cuando concluye su ciclo en este "plano".

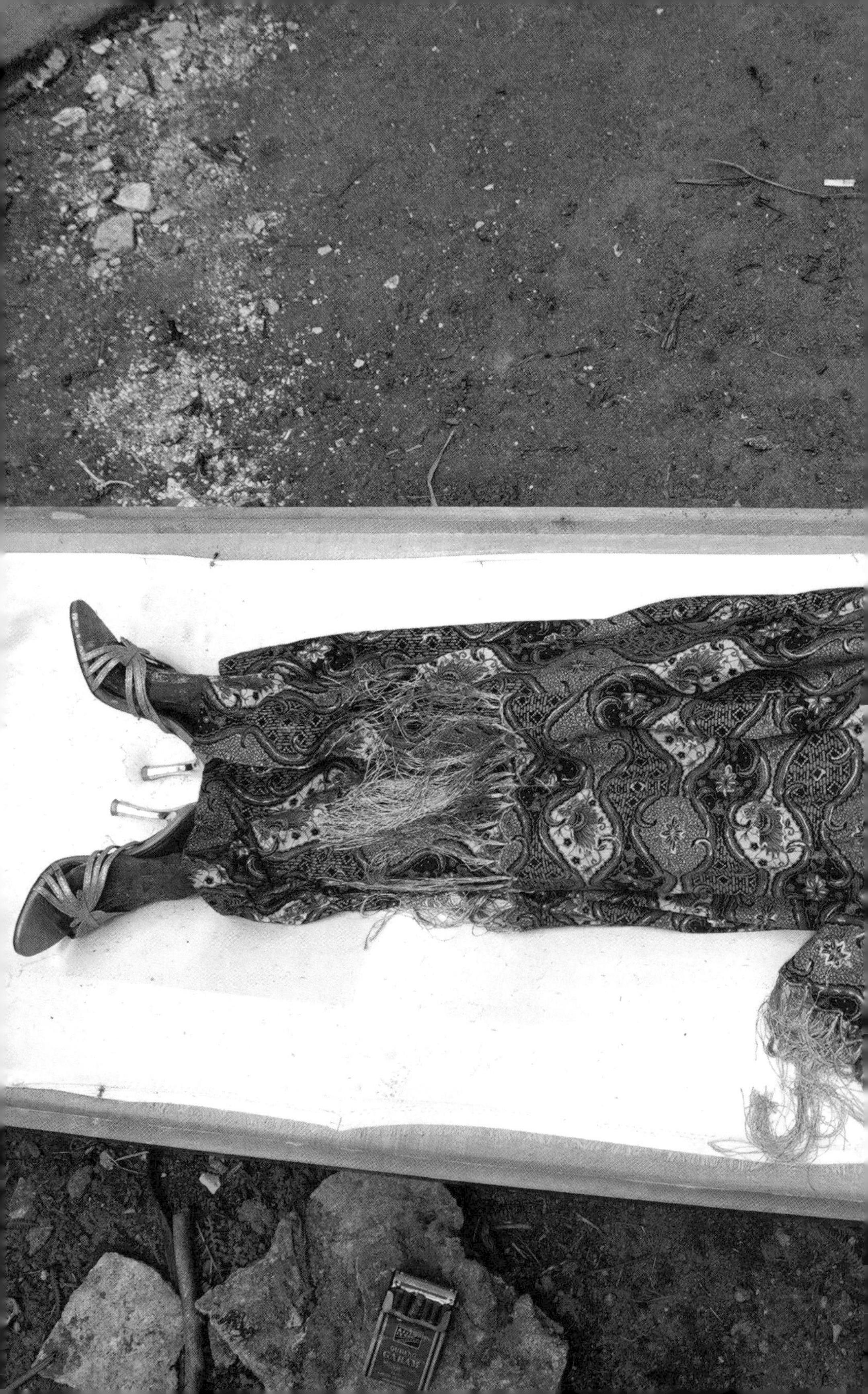
GARAM

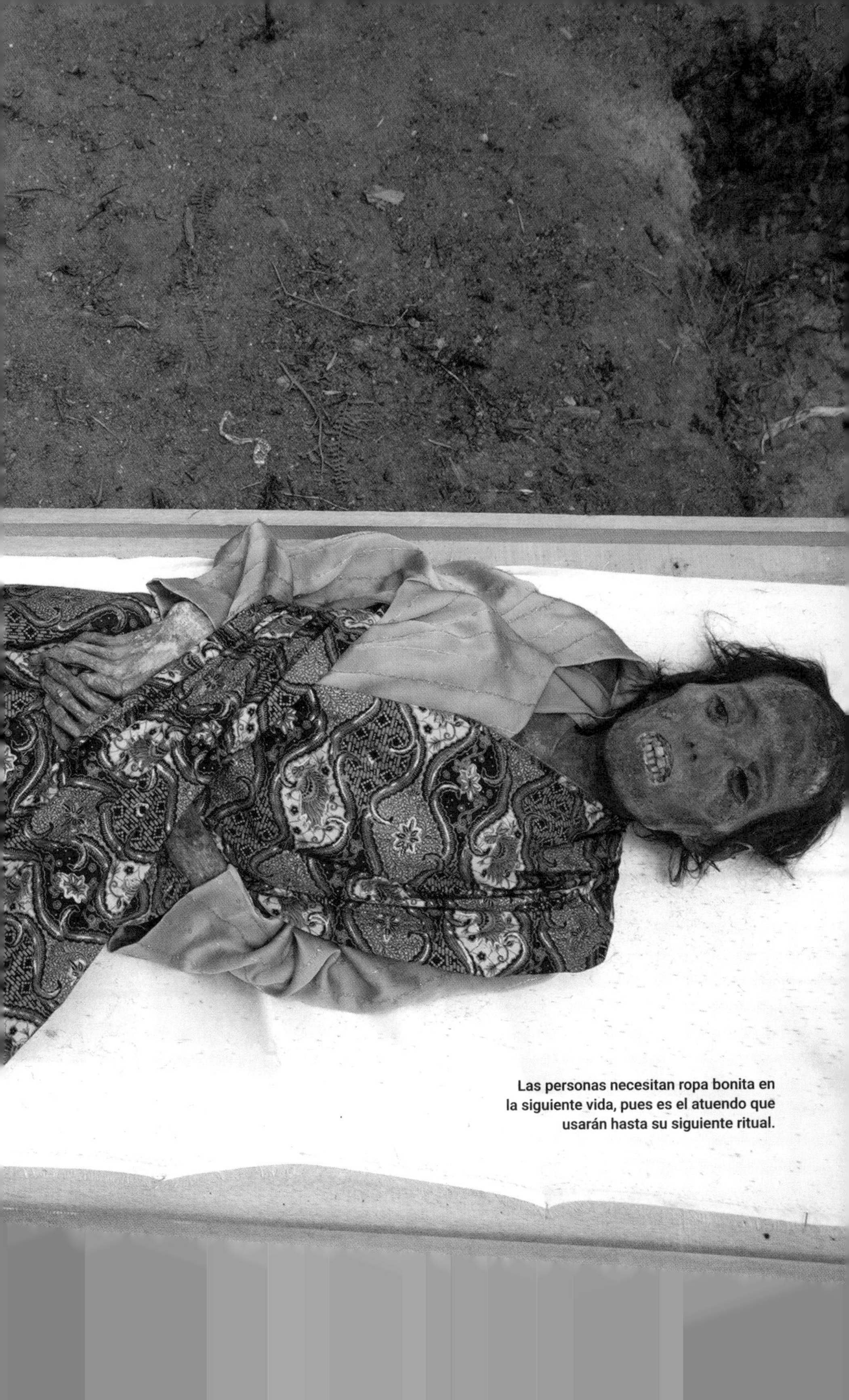

Las personas necesitan ropa bonita en la siguiente vida, pues es el atuendo que usarán hasta su siguiente ritual.

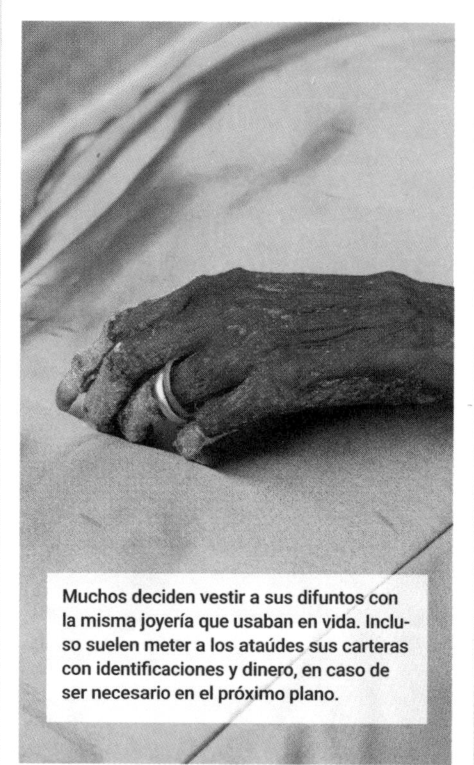

Muchos deciden vestir a sus difuntos con la misma joyería que usaban en vida. Incluso suelen meter a los ataúdes sus carteras con identificaciones y dinero, en caso de ser necesario en el próximo plano.

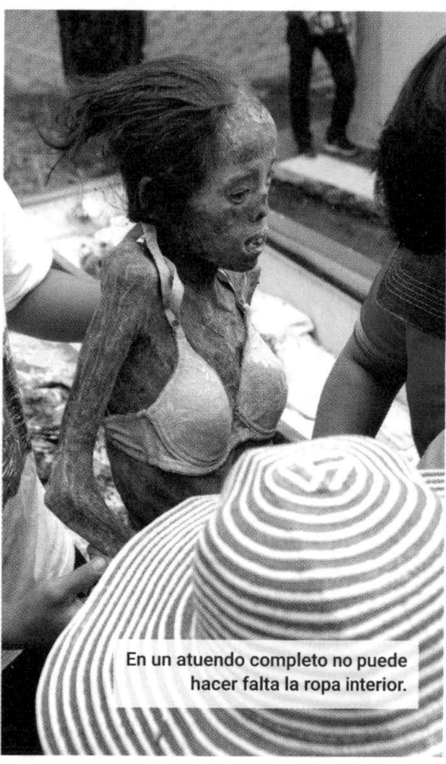

En un atuendo completo no puede hacer falta la ropa interior.

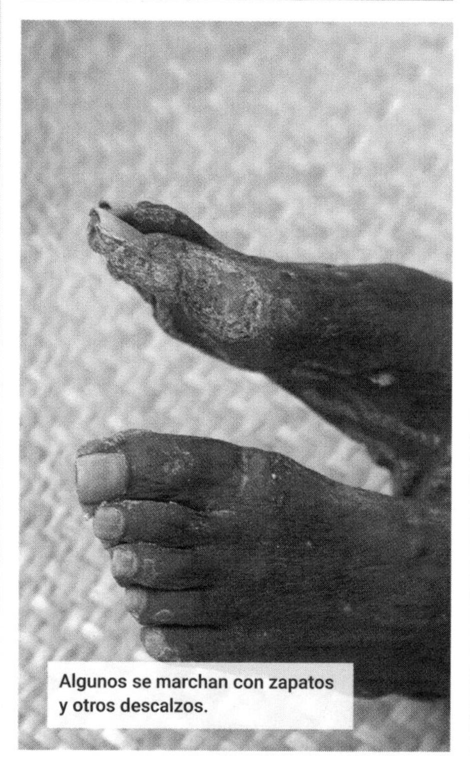

Algunos se marchan con zapatos y otros descalzos.

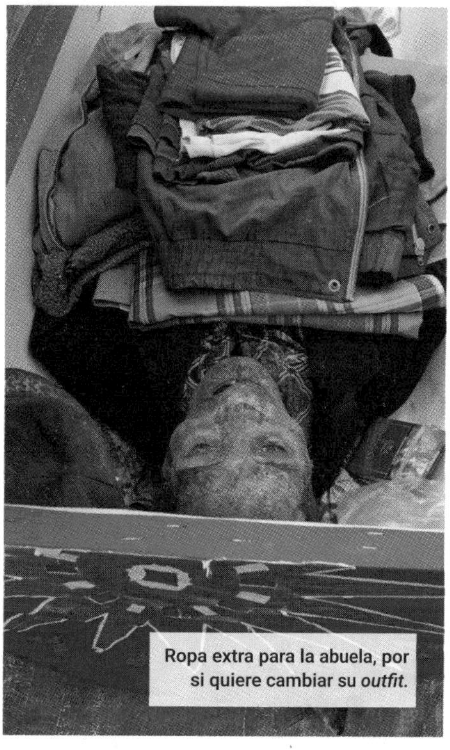

Ropa extra para la abuela, por si quiere cambiar su *outfit*.

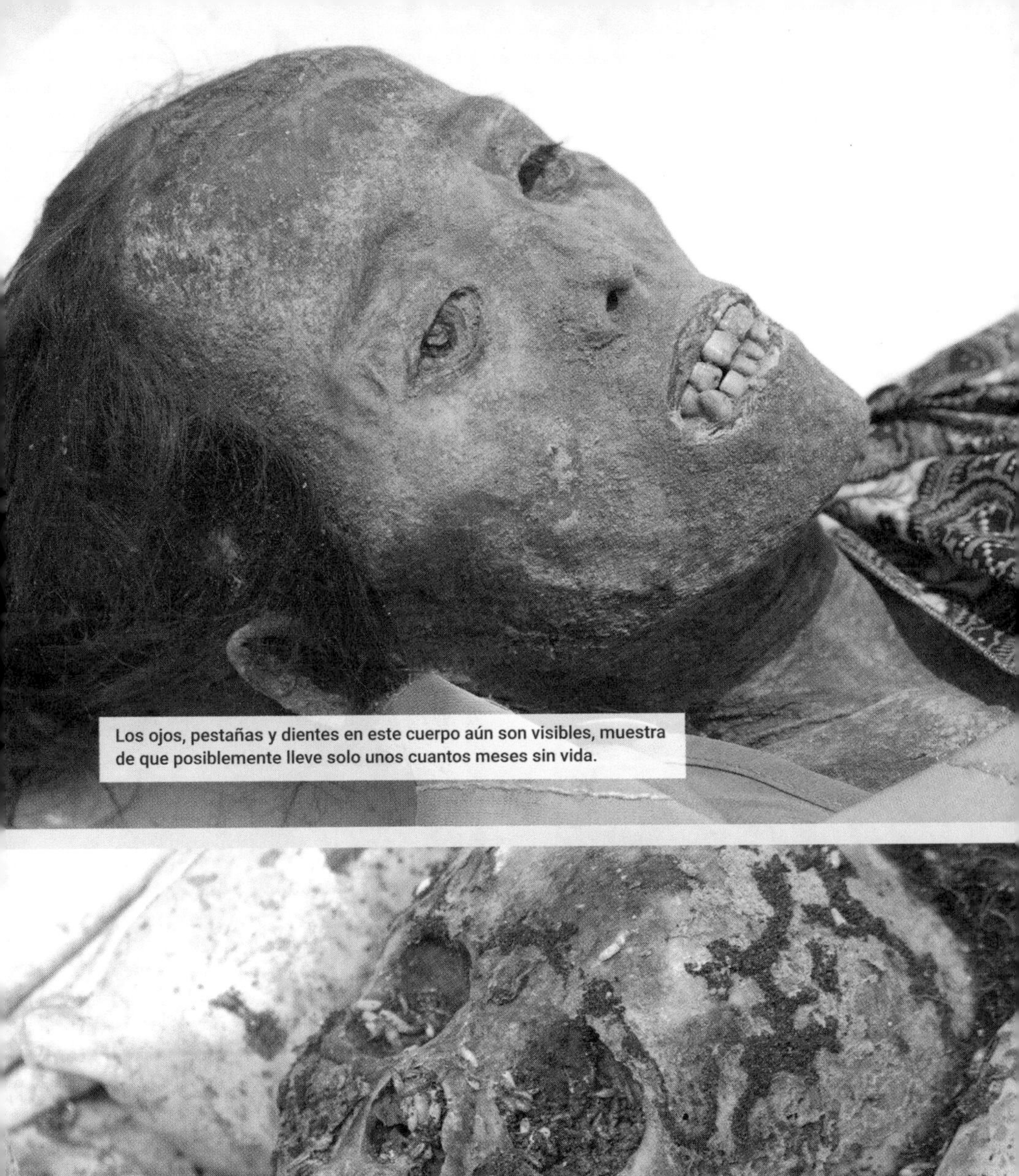

Los ojos, pestañas y dientes en este cuerpo aún son visibles, muestra de que posiblemente lleve solo unos cuantos meses sin vida.

Al cabo de algunos años, los gusanos se encargarán de dejar únicamente los huesos.

Hay familias que lo practican cada año, mientras que otras esperan a que pasen cuatro o cinco. Platican con los seres sin vida, les piden consejos, les sirven un trago y les prenden un cigarrillo. Finalmente, los cambian de ropa y los regresan a sus ataúdes junto con algunas de sus pertenencias, pues creen que podrían necesitarlas en el sitio a donde regresarán. Incluso suelen acomodar billetes en sus carteras y adornarlos con joyas costosas que lucían en vida; los robos a tumbas no son comunes, pues la población cree demasiado en fantasmas y maldiciones, por lo que muy pocos tomarían el riesgo de saquear los bienes materiales de un fallecido.

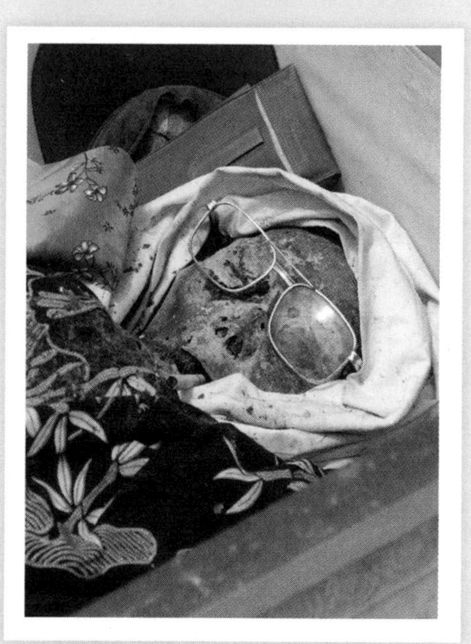

Personas de aldeas cercanas acuden a presenciar la celebración.

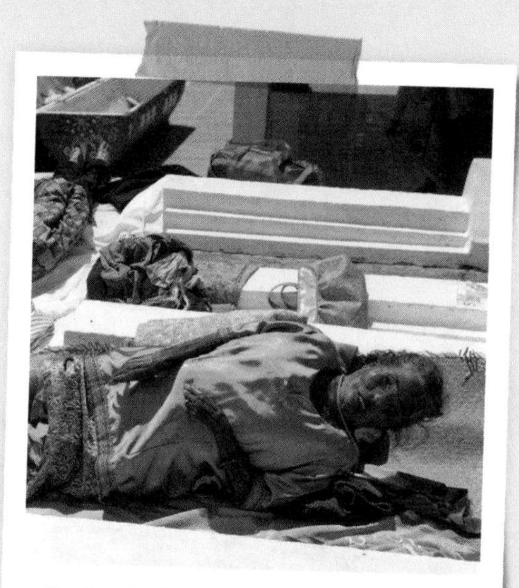

Un día soleado es ideal para el ritual, pues los cuerpos se mantienen secos. La más mínima lluvia podría humedecerlos y romperlos.

Existen profesionales en la región que por una cuota ejecutarán con extremo cuidado el manejo de los cuerpos.

Esta familia nos invitó a tomarnos una foto con su abuela.

Curiosamente, más de 80% de la población de Toraja se define como "cristiana", por lo que es común ver imágenes de Jesús y crucifijos en las tumbas. Analizando más a detalle este fenómeno, aprendí que se trata de una fascinante mezcla religiosa con el "animismo" que esta sociedad ha practicado durante siglos, producto de la penetración de las "nuevas religiones" que han comunicado misioneros durante décadas. Y mientras que en el resto del país más de 85% de la población se identifican como musulmanes, estas aldeas, habitadas por cerca de medio millón de personas, rinden tributo a Jesucristo, diferentes vírgenes y deidades que representan al viento, al sol y a los volcanes.

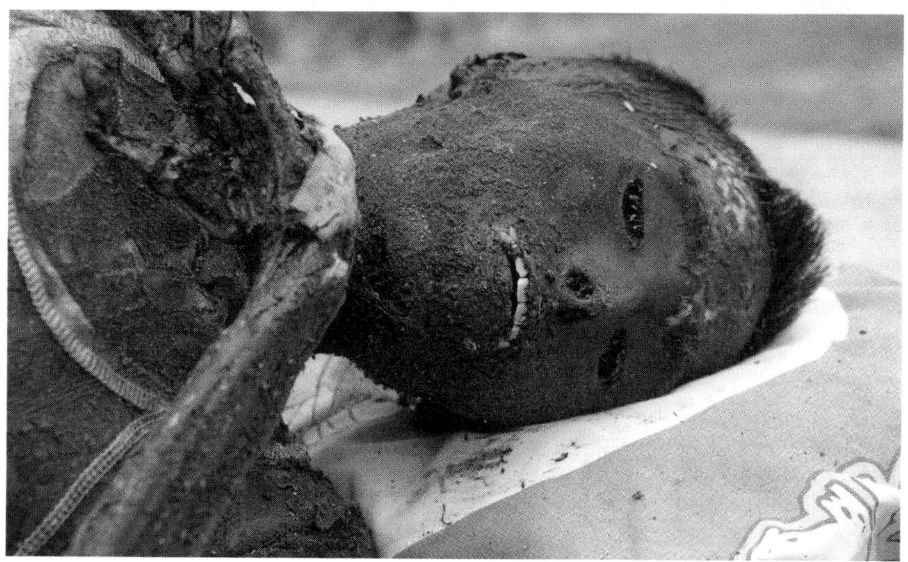

Este ritual es practicado mayoritariamente por cristianos.

Turut
Berdukacita
at Jalan
Bapa Di Sorga
A TERKASIH
Keluarga Besar
KRISTUS RAJA NONONGAN
ALM
KELUA

Este tipo de tumbas se construyen usando un monte como base.

Si hablamos más a detalle sobre las tumbas, estas con forma de casa que les he descrito no son las únicas que existen. **Los habitantes de Toraja recurren a métodos muy interesantes para guardar los cuerpos: desde meter a los bebés en troncos de árboles hasta hacer hoyos en lo alto de las montañas para introducir a los adultos.** Guardar a los cuerpos en las alturas es una muestra de estatus y poder económico, pues podremos imaginarnos que perforar la piedra de un monte a decenas de metros de altura no es tarea fácil ni mucho menos barata. Sumando a esto que periódicamente los cuerpos serán desenterrados, los gastos no cesarán, por lo que hoy en día es una práctica poco común, más no extinta.

Estas piezas reciben el nombre de "Tao-Tao". Muchos afirman que estas figuras se usan para distraer a los malos espíritus y que podrían incluso atraparlos.

Adentro de las cuevas pueden haber cientos de cuerpos y llegan a tornarse en laberintos. Entrar con un local es importante.

Muchos practicantes optan por dejar los restos de sus seres queridos dentro de cuevas y me di a la tarea de visitar un par de ellas. El aroma dentro es una combinación entre humedad y descomposición, bastante potente. Existen cientos de huesos y cráneos humanos a la vista; se dice que muchas de ellas están llenas y los accesos son cada vez más complicados, por lo que en recientes años los creyentes optan por amontonar los ataúdes afuera de las cuevas, para así poder acceder a ellos con más facilidad y continuar sus eternos rituales.

Los cráneos más antiguos yacen al descubierto.

Cuenta una leyenda local que estos cráneos son de personas que nunca pudieron amarse libremente, hasta que murieron. Algo así como un "Romeo y Julieta" de la región.

Afuera de las cuevas, las tumbas cuelgan de grandes alturas.

Decenas de huesos en cada ataúd.

Las personas suelen dejar cigarrillos para los muertos, para que estos no se sientan olvidados.

Habrán notado que algunos de los ataúdes tienen forma de búfalo. Esto no es una coincidencia, ni es porque piensen que estos animales son "bonitos". **Los búfalos tienen un enorme significado para muchos habitantes de la región, pues, como les comentaba, suelen creer demasiado en el concepto del "cielo" y el "paraíso" después de la muerte, y piensan que un animal grande y fuerte como un búfalo es de suma utilidad para transportar a los difuntos en el más allá**, donde se encontrarán con ríos, montañas y demás obstáculos que difícilmente podrán atravesar sin ayuda. Por esto mismo, los precios de los búfalos suelen inflarse a miles de dólares y, mientras que en el resto del país estos animales son usados para trabajar en los campos y pantanos, aquí los dejan "descansar" y "llevar vidas plenas" (citando las palabras de comerciantes con quienes platiqué al respecto) para que, cuando el momento llegue, sean sacrificados y, ahora sí, su verdadero trabajo comience. El alma del búfalo se fusionará con el alma del humano y juntos emprenderán una aventura hacia el "Buja" (así le llaman al paraíso).

El mercado de búfalos para rituales es una actividad económica que moviliza el equivalente a cientos de miles de dólares.

El búfalo es un animal sagrado que se sacrifica en los funerales, pues se cree que su alma se conecta con la del fallecido para ayudarlo a cruzar hasta el siguiente plano, camino que está lleno de ríos y montañas.

Los búfalos albinos son los más costosos. Suelen venderse por más del equivalente a 25,000 dólares cada uno.

Es también una actividad que se mueve enteramente en efectivo o intercambios de bienes.

Algo que, sin duda, logró impactarme fue saber que es muy común que los habitantes de esta región guarden los cuerpos sin vida de sus familiares dentro de sus casas durante meses, o incluso años. Esto sucede porque la población anhela poder darle un funeral digno a sus amados, ceremonias que no resultan económicas en lo absoluto, y en muchos casos las familias necesitarán una larga temporada para reunir el dinero de los gastos. **Un velorio ideal tendrá un banquete de comida y bebida para cientos de invitados, un ataúd pesado y costoso que será cargado entre decenas de hombres e incluso, en casos específicos de gente muy adinerada, sucederán peleas de búfalos y gallos para que los invitados apuesten.** Como les comentaba en un inicio, los funerales son más importantes que las mismas bodas; es lo que hará que el pueblo hable bien de las familias y conservará intactos sus "legados". Las apariencias y la opulencia, como sucede en el resto del mundo, resultan ser de suma importancia.

La aldea entera acudió a este masivo funeral.

El pueblo entero se junta a reír y apostar. Una peculiar manera de celebrar un funeral.

Para el funeral construyeron un recinto para peleas de búfalos. Ahí entendí por qué habían traído más de 12 búfalos al funeral de una sola persona.

Muchos afirman que las inusuales prácticas de estas comunidades podrían estar desapareciendo en cuestión de décadas, pues la "modernidad" y los juicios de afuera toman más fuerza con el paso del tiempo. Se dice que las nuevas generaciones poco a poco las dejan de ejercer y eventualmente estas costumbres quedarán como páginas valiosas e irrepetibles en libros de historia. Hasta entonces, y si es que estas predicciones lastimosamente se llegan a hacer verdad, me siento sumamente afortunado de poder haberlas vivido en carne propia y me resulta un honor compartirlas con ustedes. **La sociedad "torajense" es una valiosa joya que aún vive entre los humanos cada vez menos tradicionales del siglo xxi.**

CONCLUSIÓN

Al mismo tiempo que alguien gana, otro pierde. Mientras uno nace, otro muere. Cuando uno ríe, otro llora. A la par que alguien ama, otro odia. Así de complejo es nuestro mundo, habitado por más de 8,000 millones de personas, cada una con sus propias metas, deseos, ideas y vínculos familiares. Tal vez la paz yace en intentar entender a aquel con quien creías no tener nada en común. Siempre hay que tener presente que tu propia religión, cultura y tradiciones también le parecen "extrañas" e "inconcebibles" a otro ser humano que no hace el intento de comprenderlas. Y esa, pienso yo, es la verdadera importancia de viajar, leer, compartir y comunicar. Gracias por acompañarme a lo largo de esta travesía. Espero haberte abierto los ojos a más de una realidad que posiblemente considerabas ajena.

Lugares Asombrosos 2 de Luisito Comunica
se terminó de imprimir en abril de 2024
en los talleres de
Litográfica Ingramex, S.A. de C.V.
Centeno 162-1, Col. Granjas Esmeralda, C.P. 09810,
Ciudad de México.